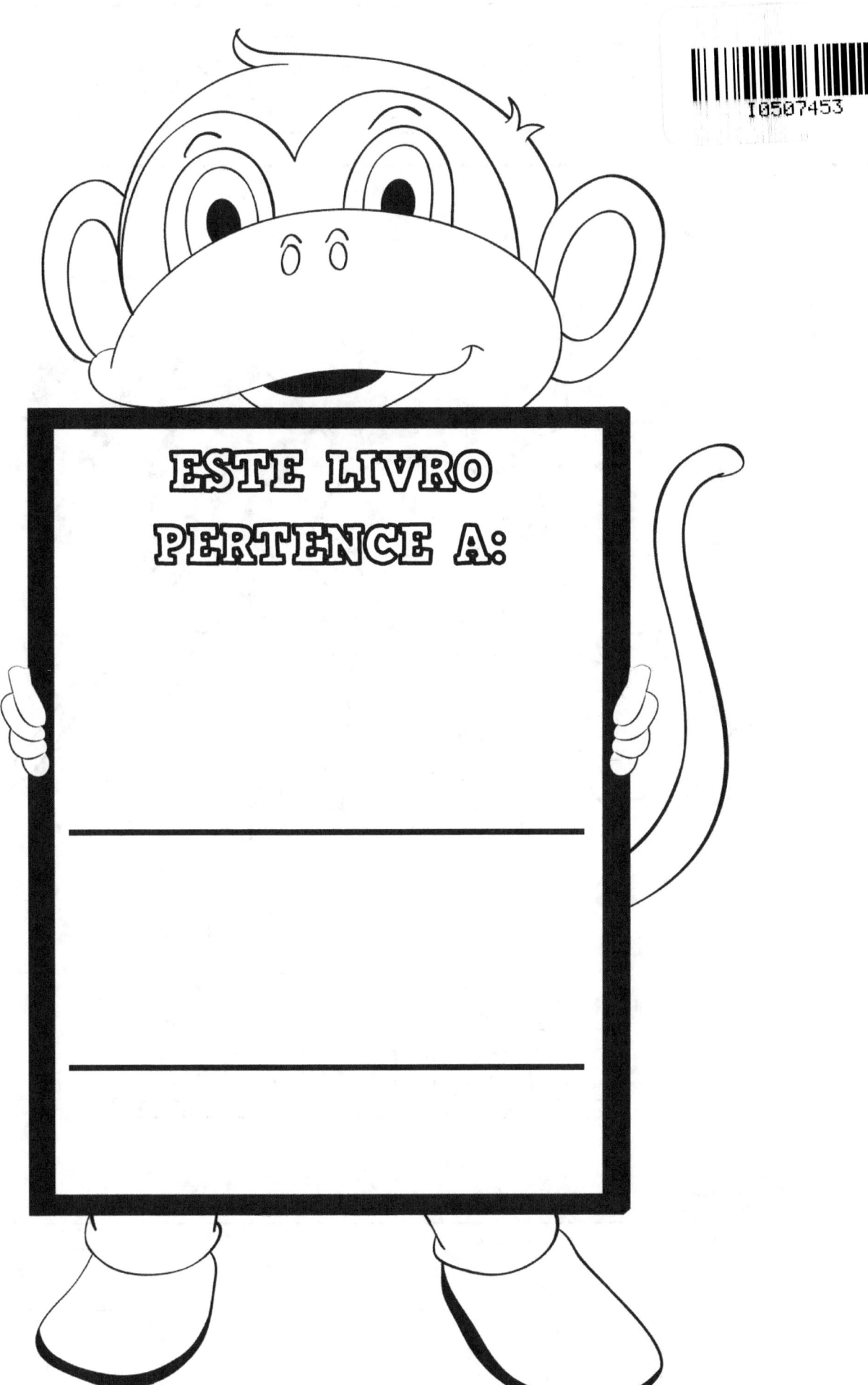

Formiga

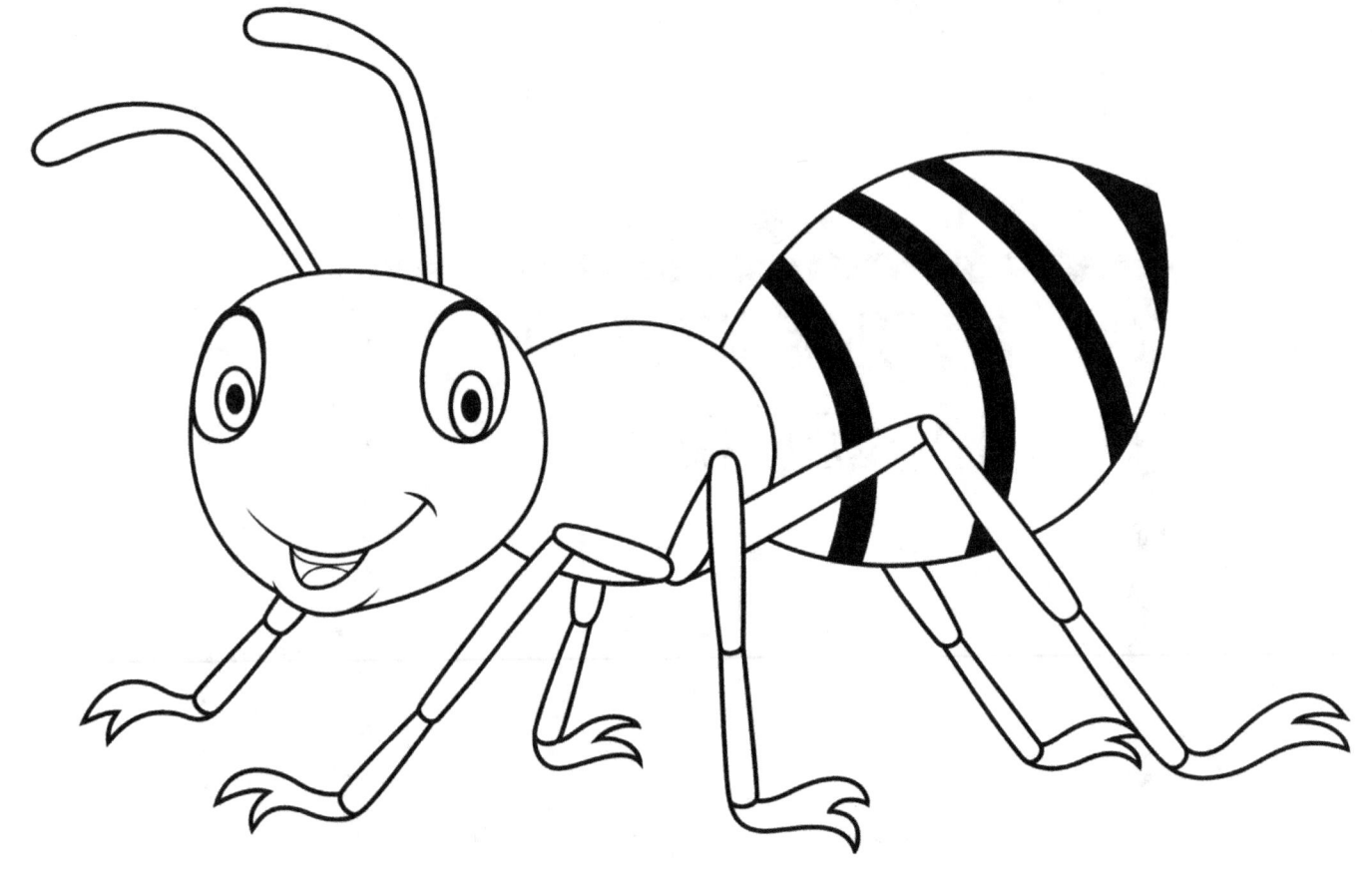

Fourmi

Fourmi

Maçã

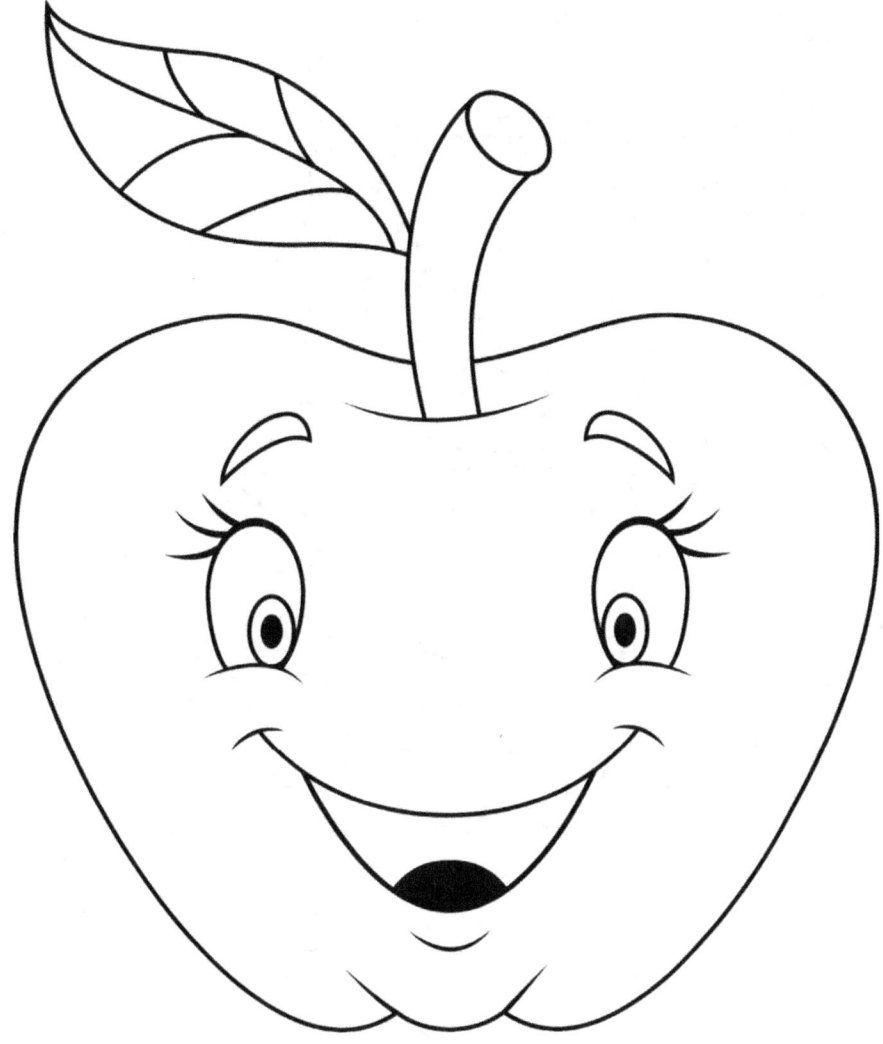

Pomme

Pomme
_____
_____
_____

Astronauta

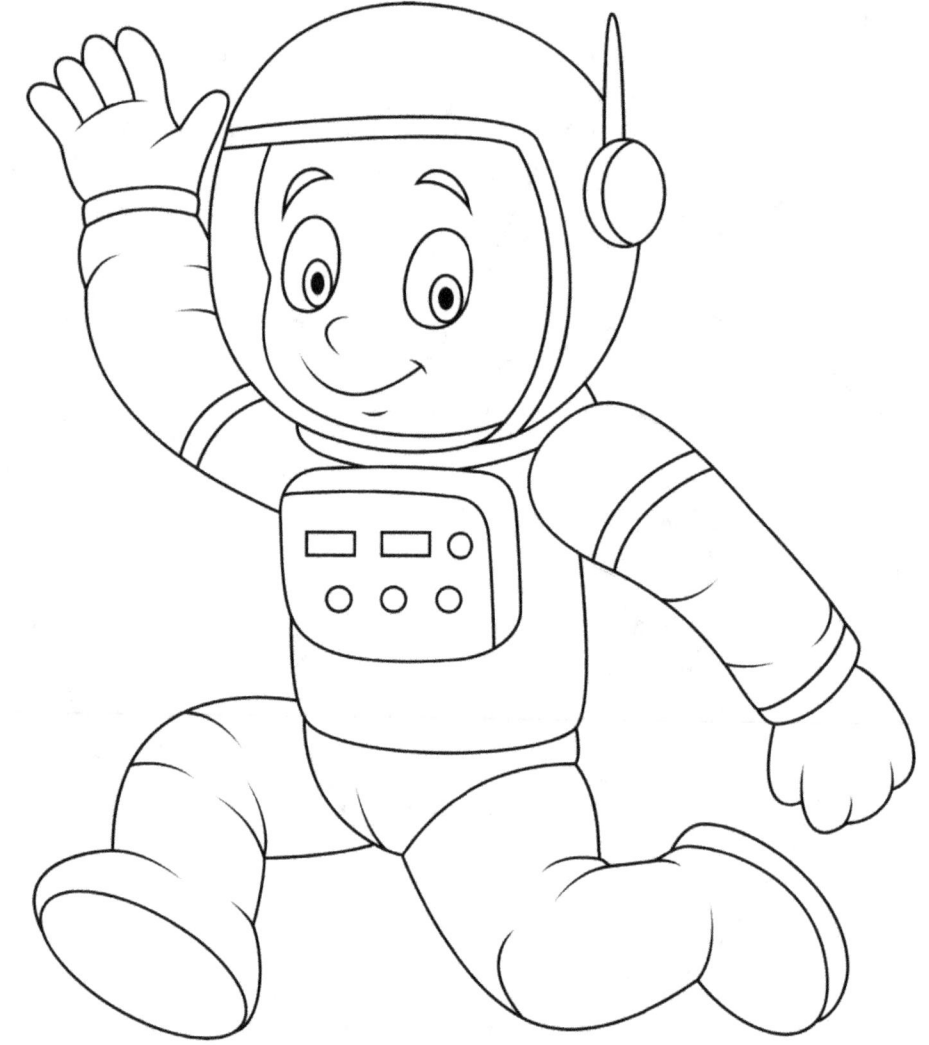

Astronaute

Astronaute

Banana

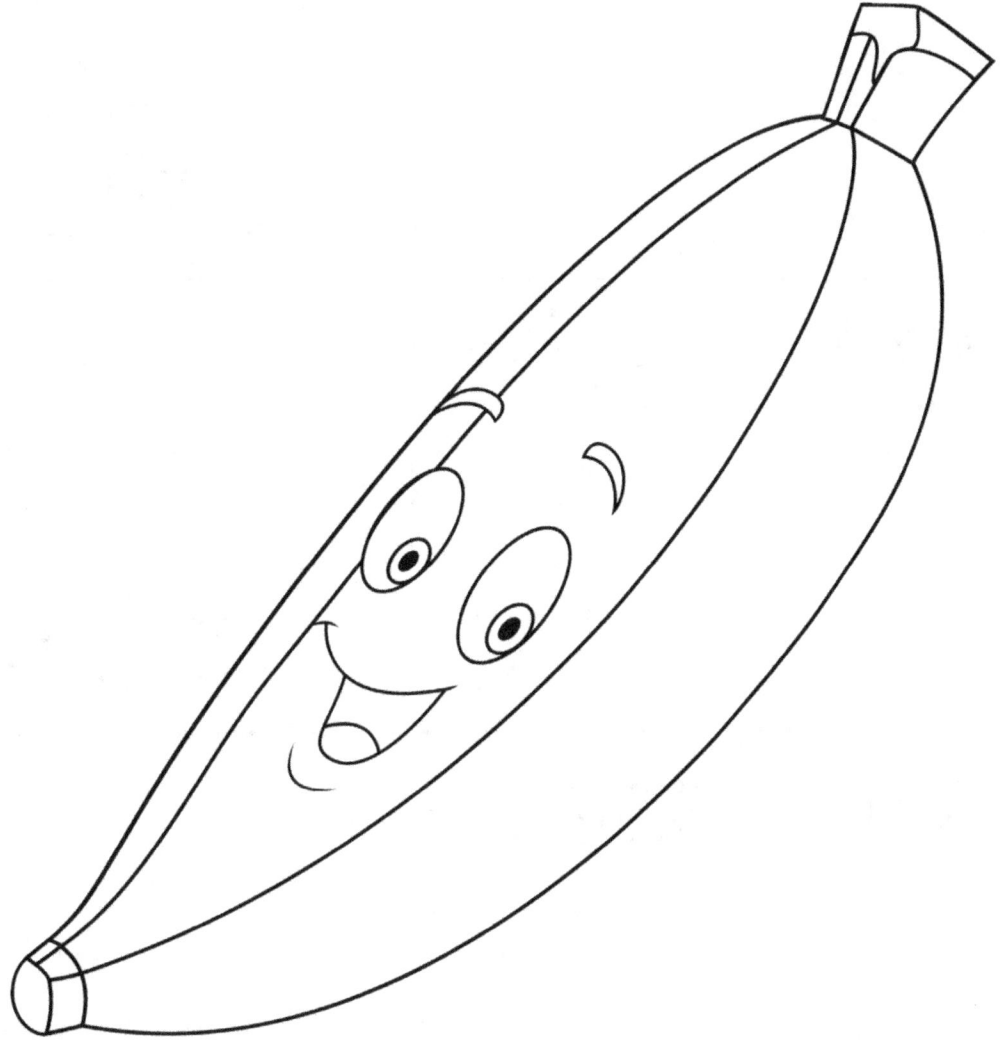

Banane

Banane

Formiga

_ou_mi

Maçã

P__me

Astronauta

Astro_a_te

Banana

Ban__e

Urso

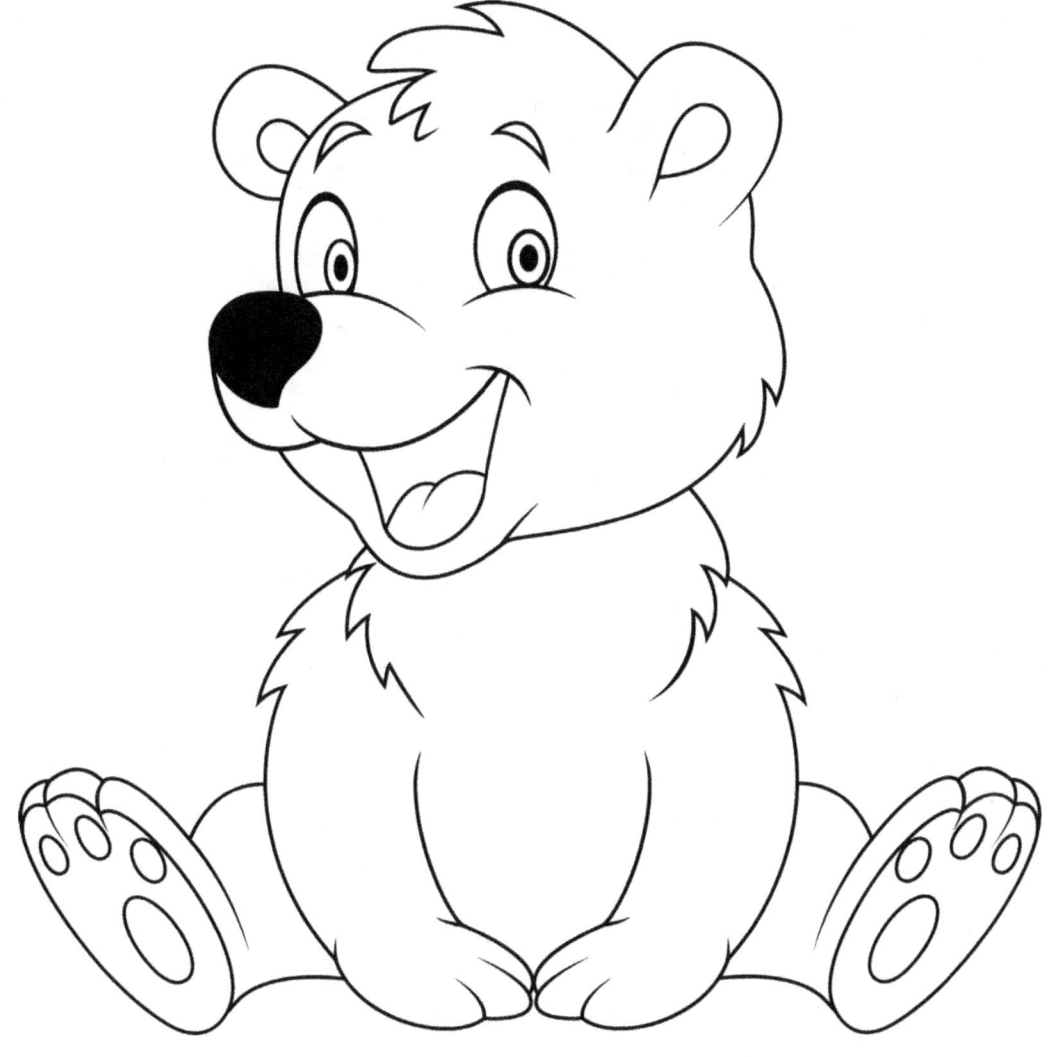

Ours

Ours
_____
_____
_____

Livro

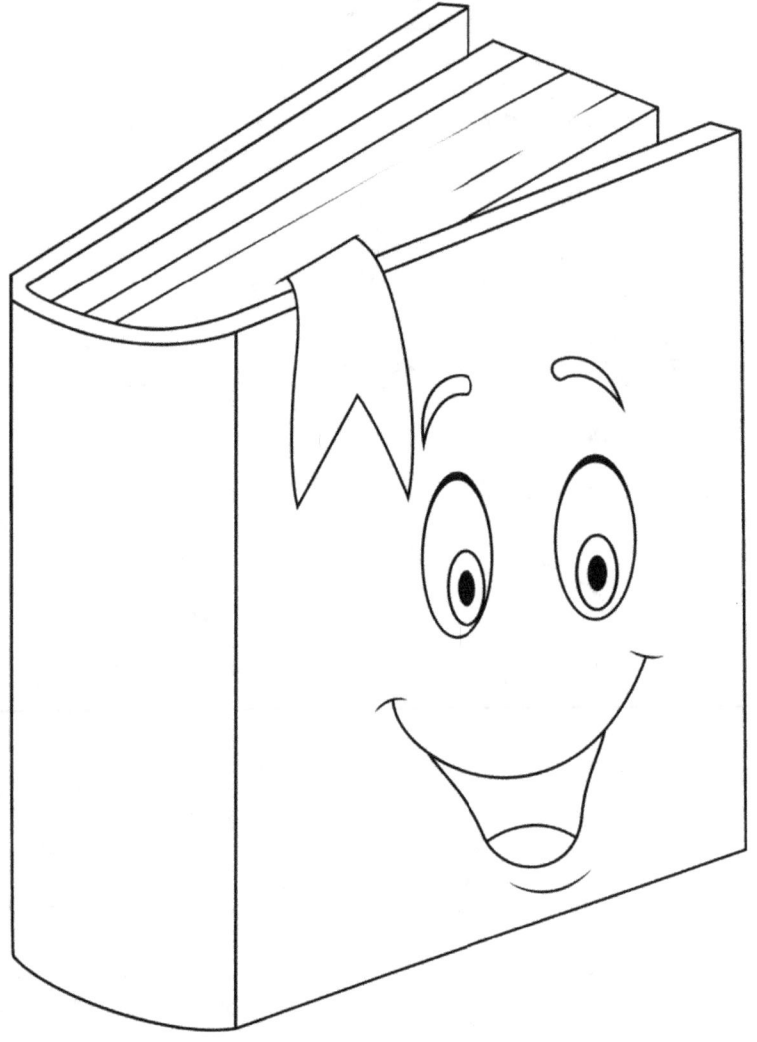

Livre

Livre
_____
_____
_____

Carro

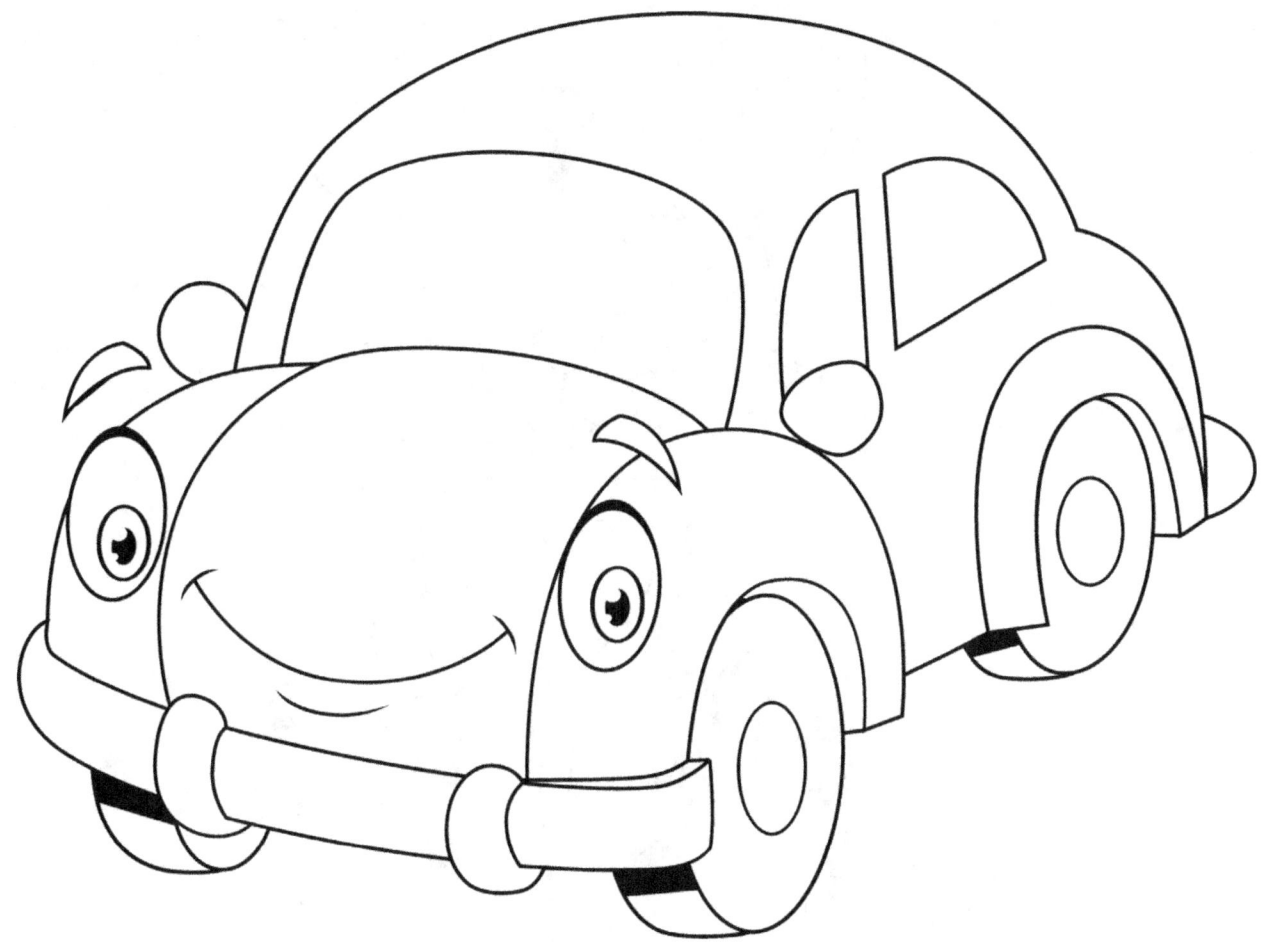

Voiture

Voiture
_____
_____
_____

Gata

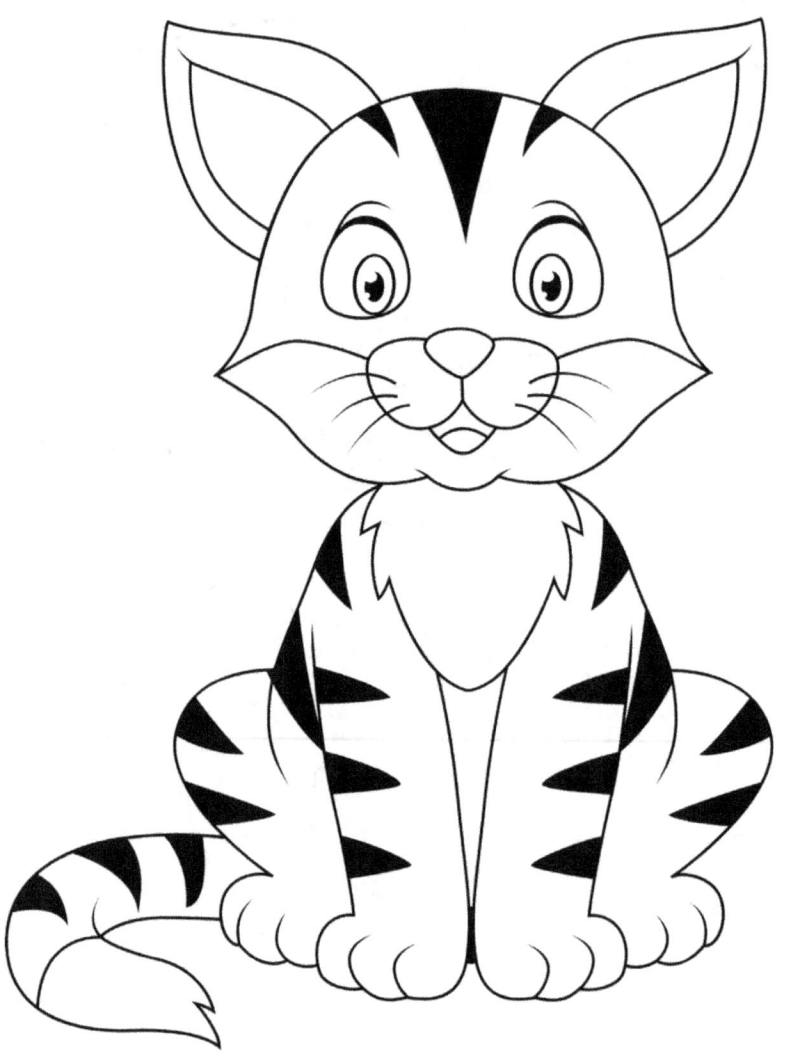

Chat

Chat

Urso

_u_s

Livro

Li_r_

Carro

Vo_tur_

Gata

C__t

Milho

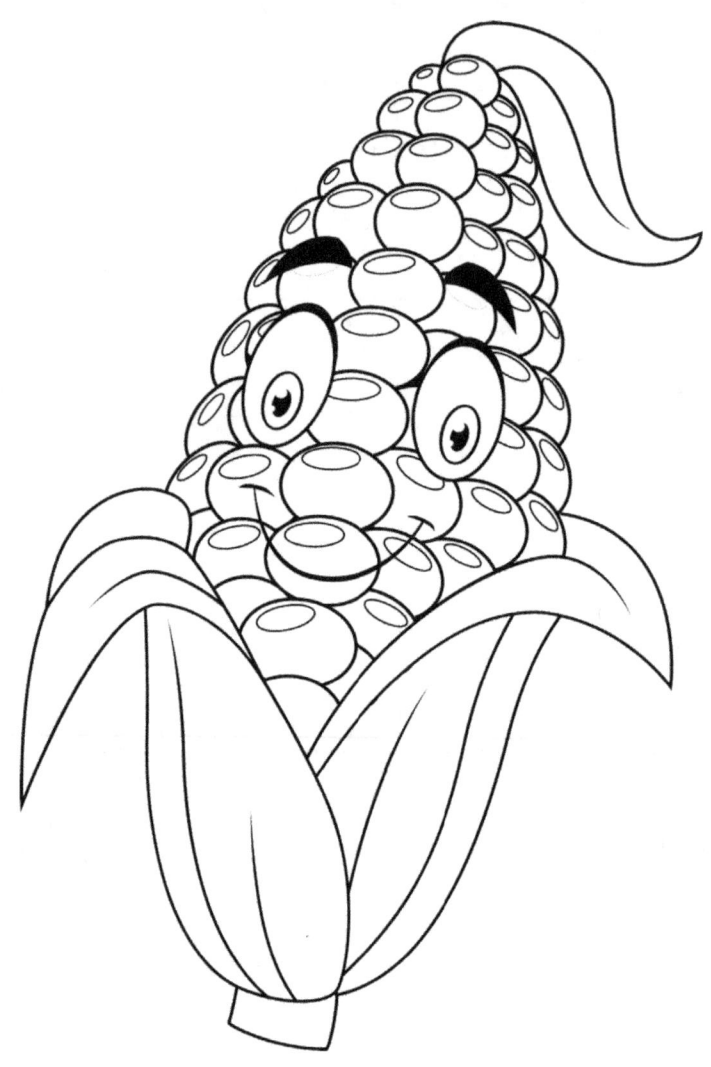

Maïs

Maïs
_____
_____
_____

Cachorro

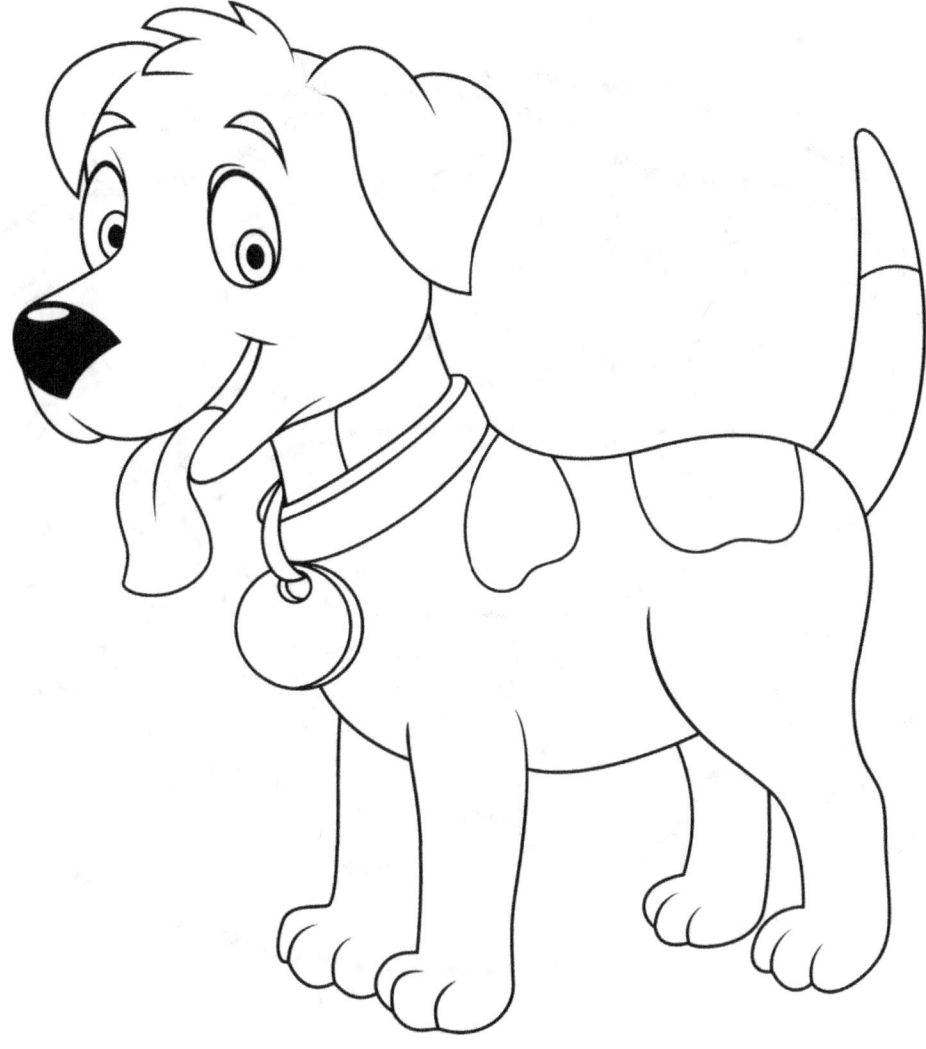

Chien

Chien

Rosquinha

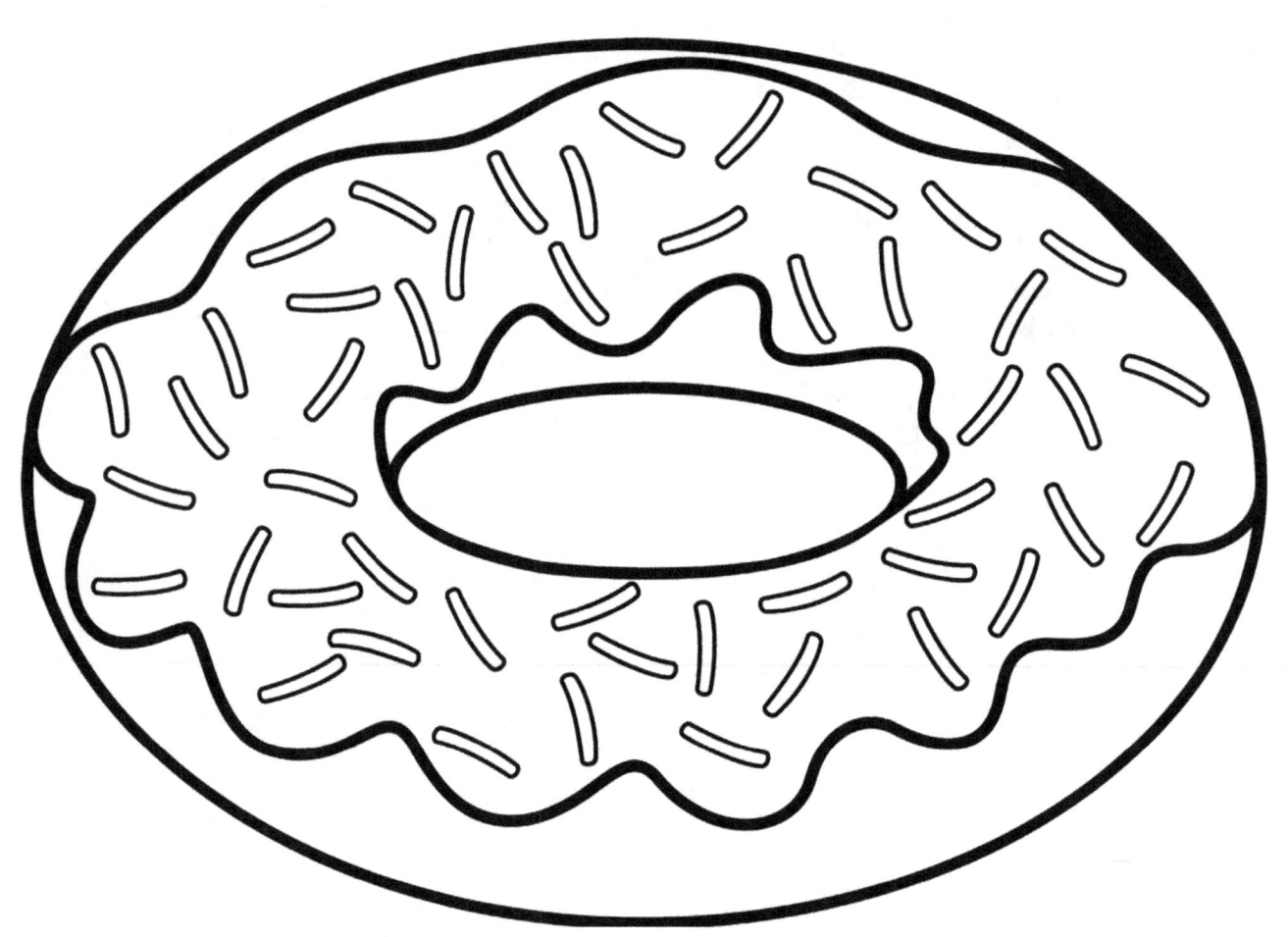

Donut

Donut
_____
_____
_____

Tambor

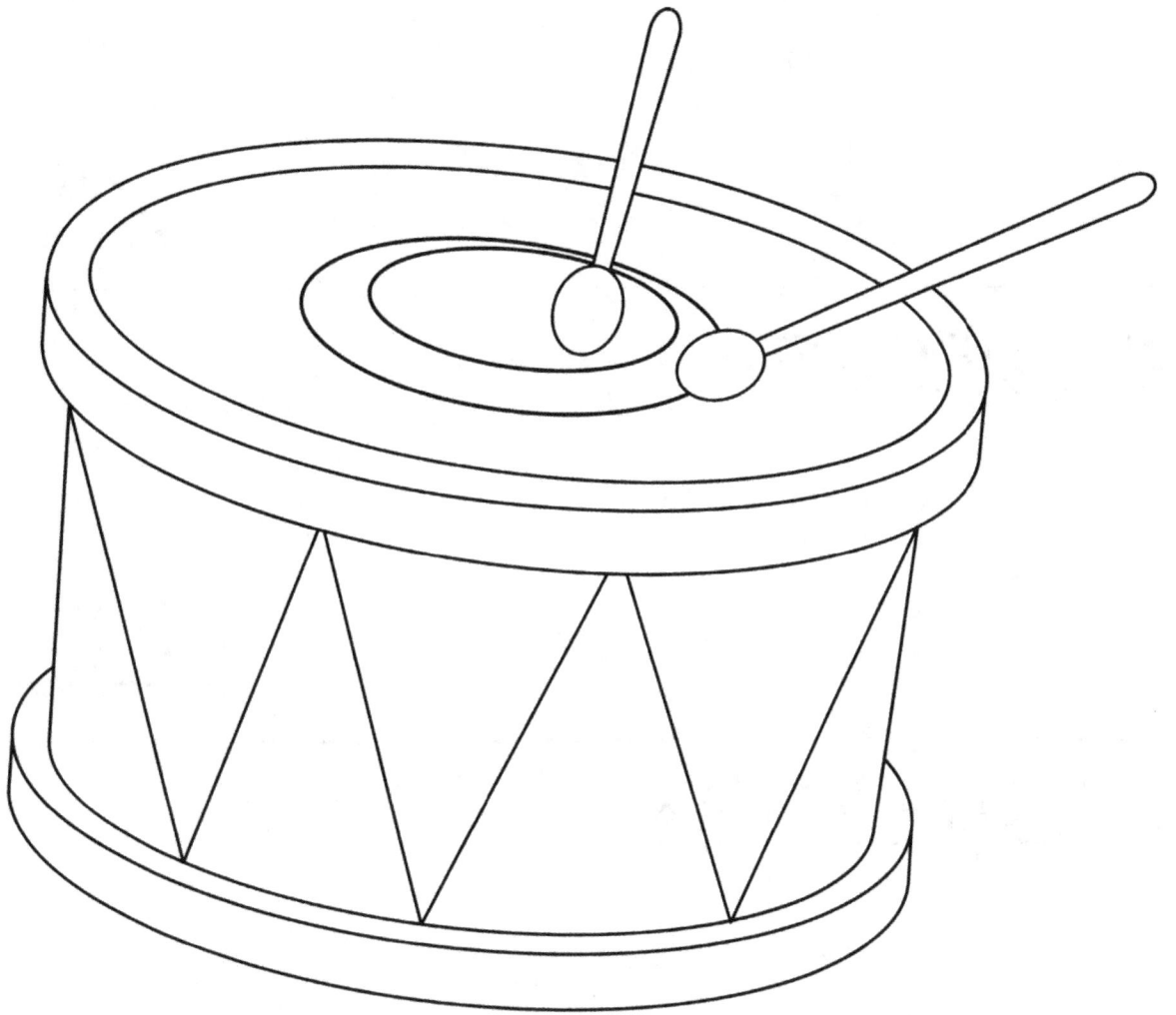

Tambour

Tambour

Milho

_a_s

Cachorro

Chi__

Rosquinha

Don_t

Tambor

T_m_our

Caracol

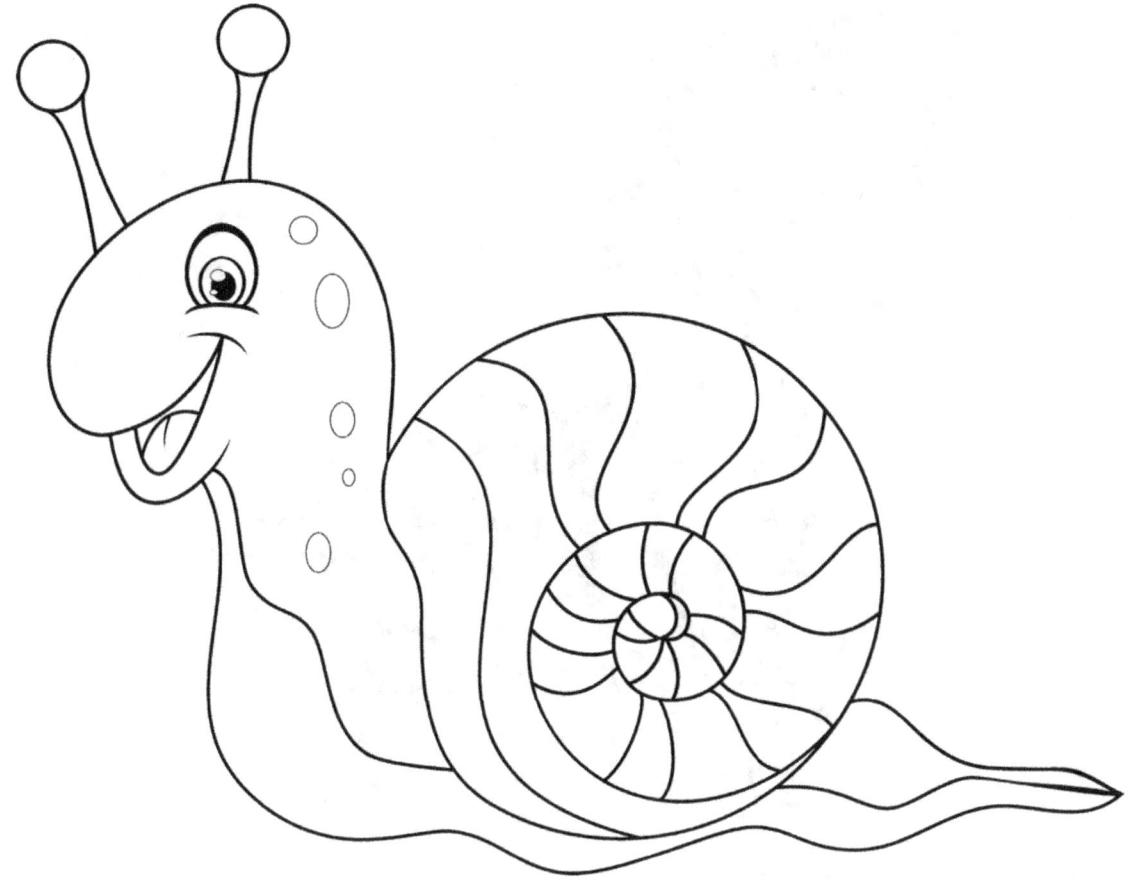

Escargot

Escargot

Zebra

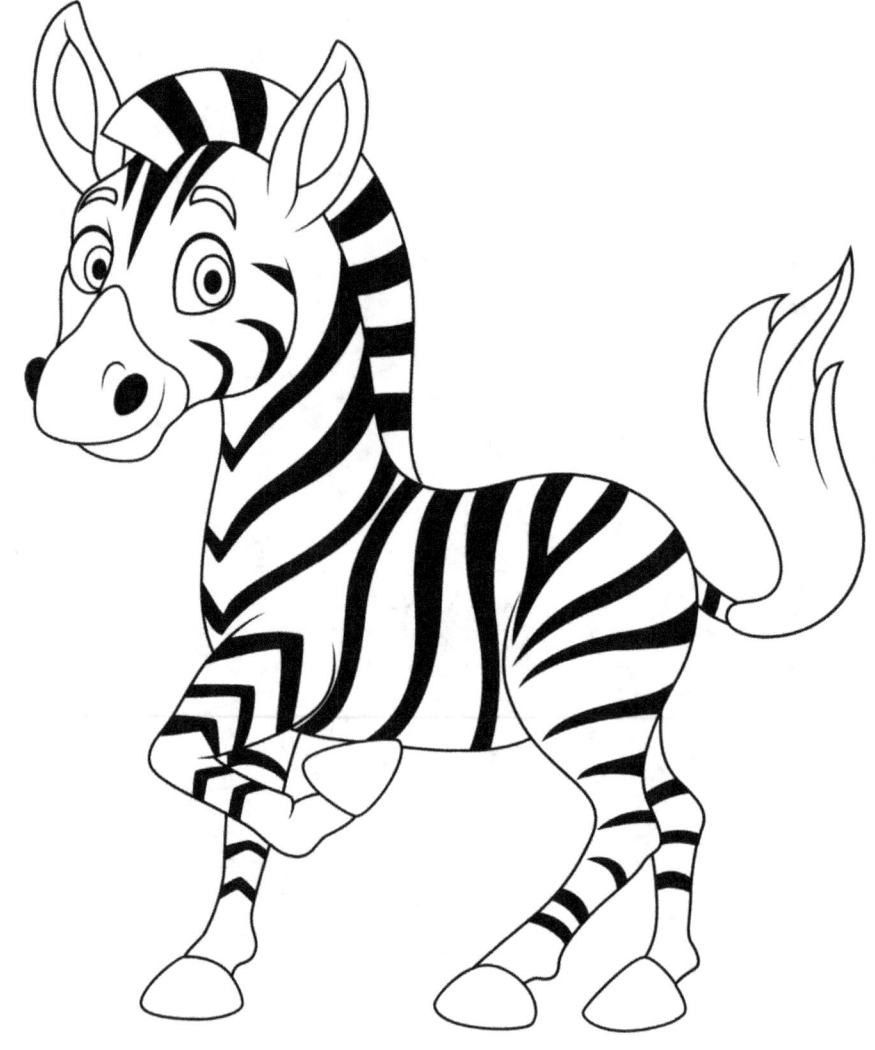

Zèbre

Zèbre

Elefante

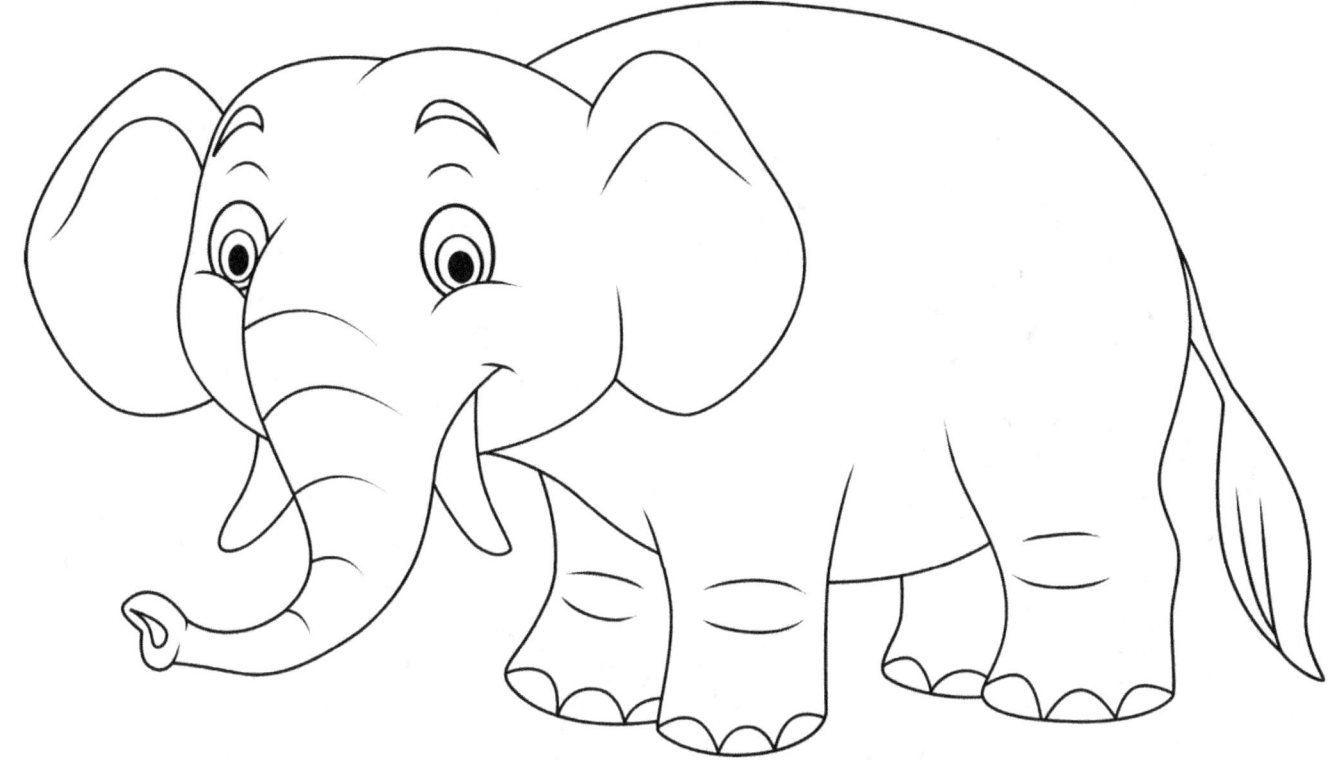

Éléphant

Éléphant
_____

_____

_____

Peixe

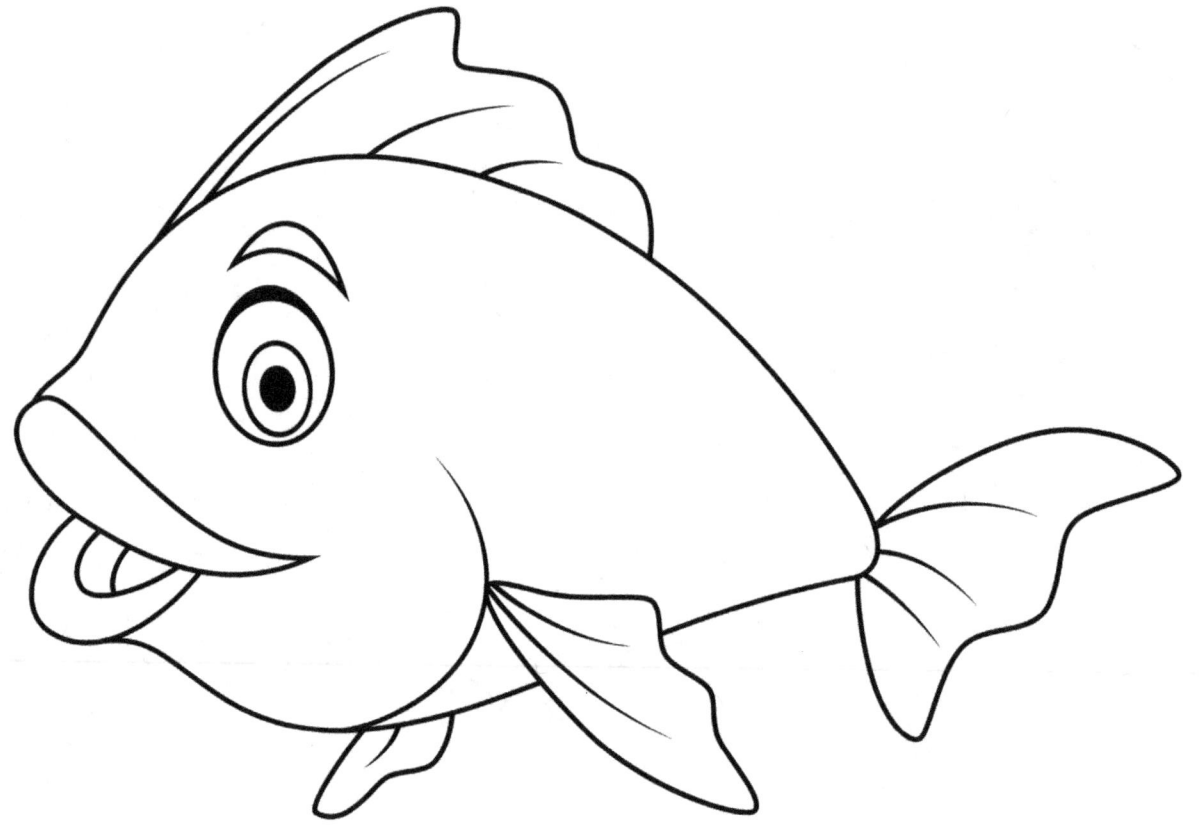

Poisson

Poisson
_____

_____

_____

Caracol

E__argot

Zebra

Zèb_e

Elefante

É_épha_t

Peixe

Poisso_

Flor

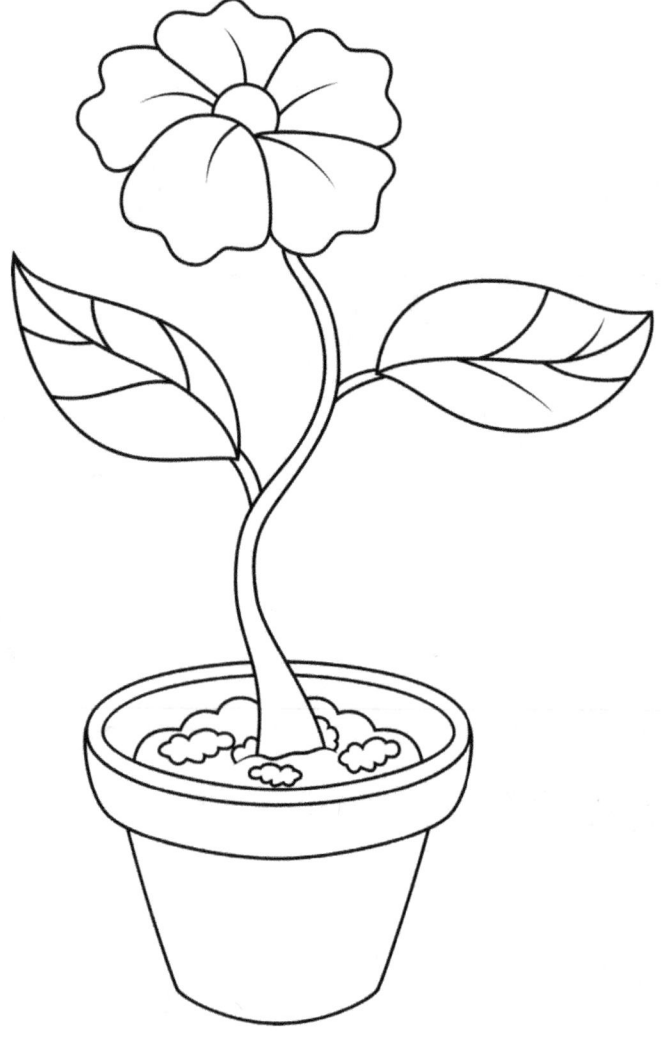

Fleur

Fleur

Raposa

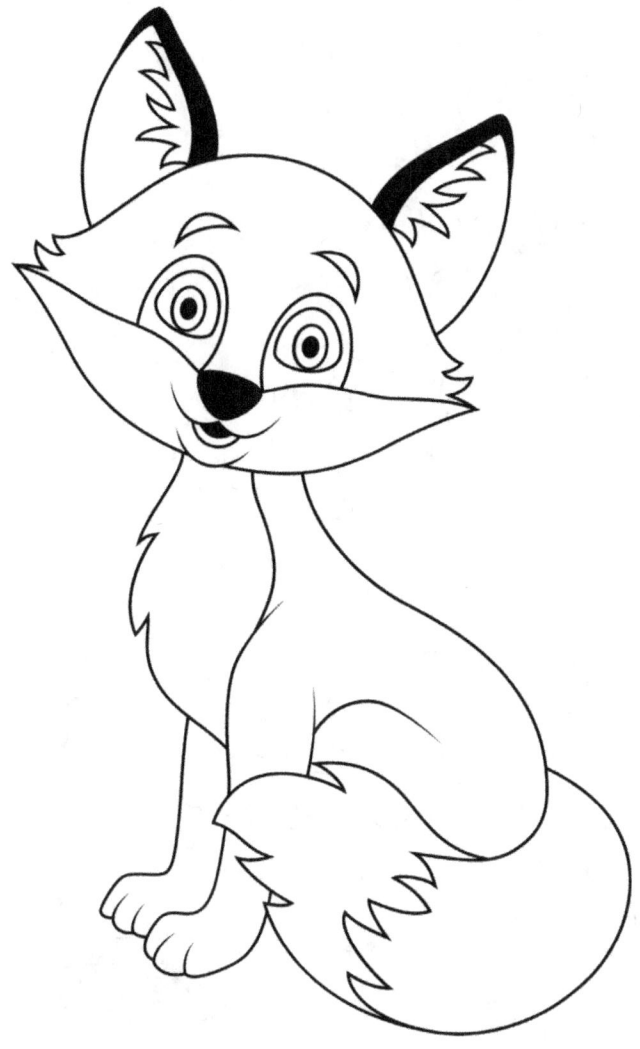

Renard

Renard
_____
_____
_____

Girafa

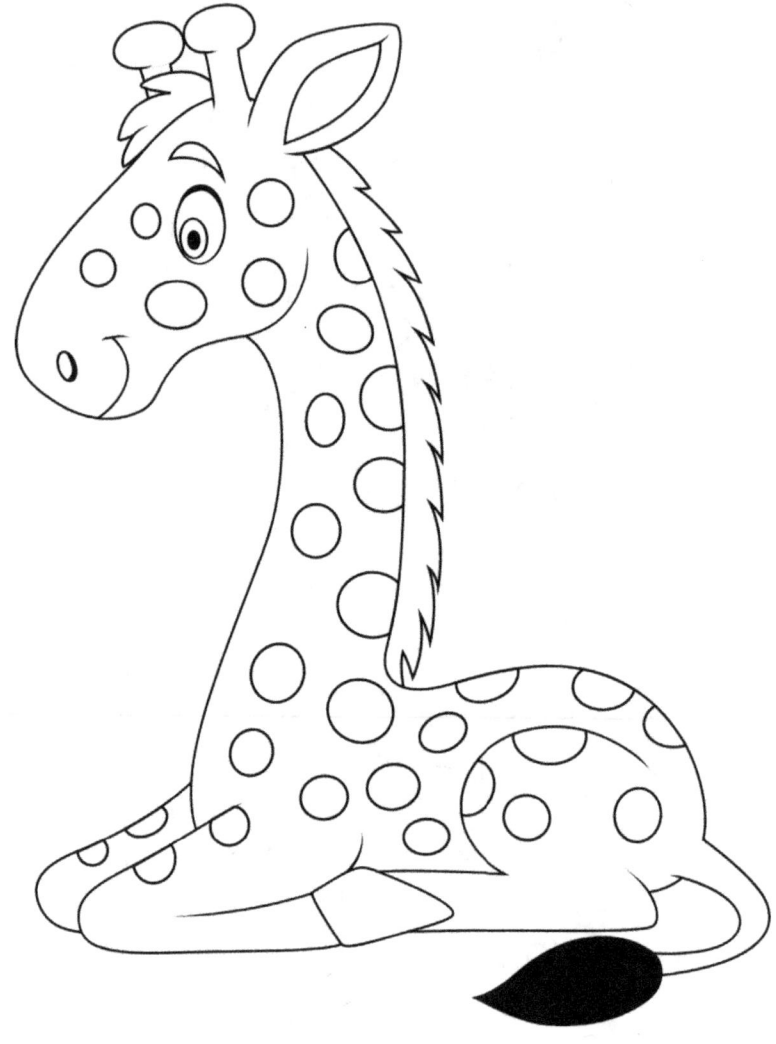

Girafe

Girafe

Óculos

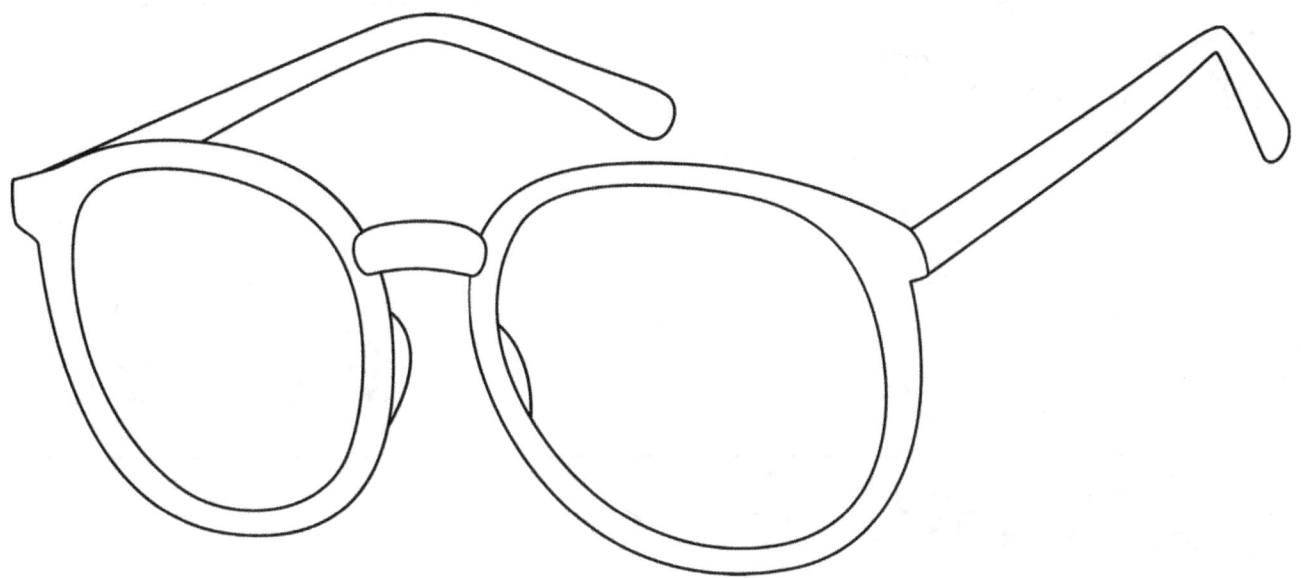

Lunettes

Lunettes
_____
_____
_____

Flor

_le_r

Raposa

Re__rd

Girafa

Gi_a_e

Óculos

unettes

Uva

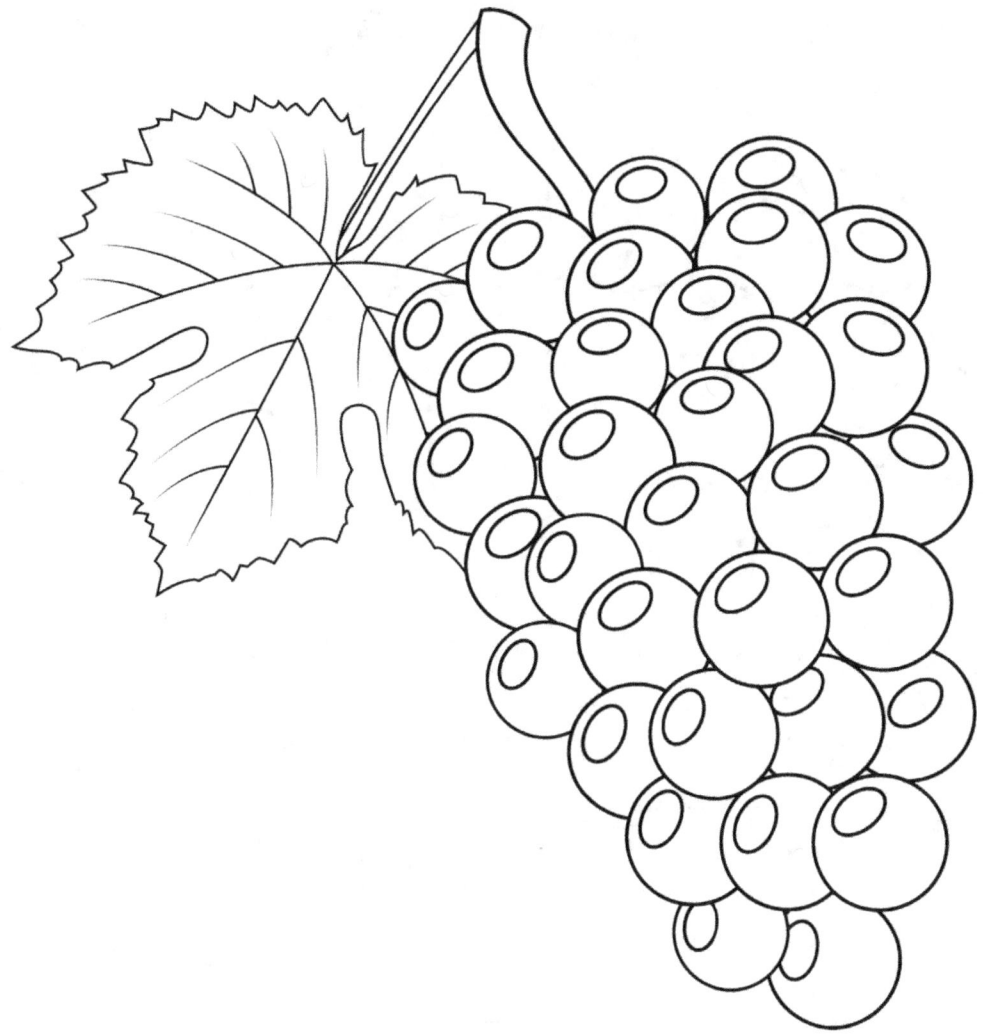

Raisin

Raisin

Hambúrguer

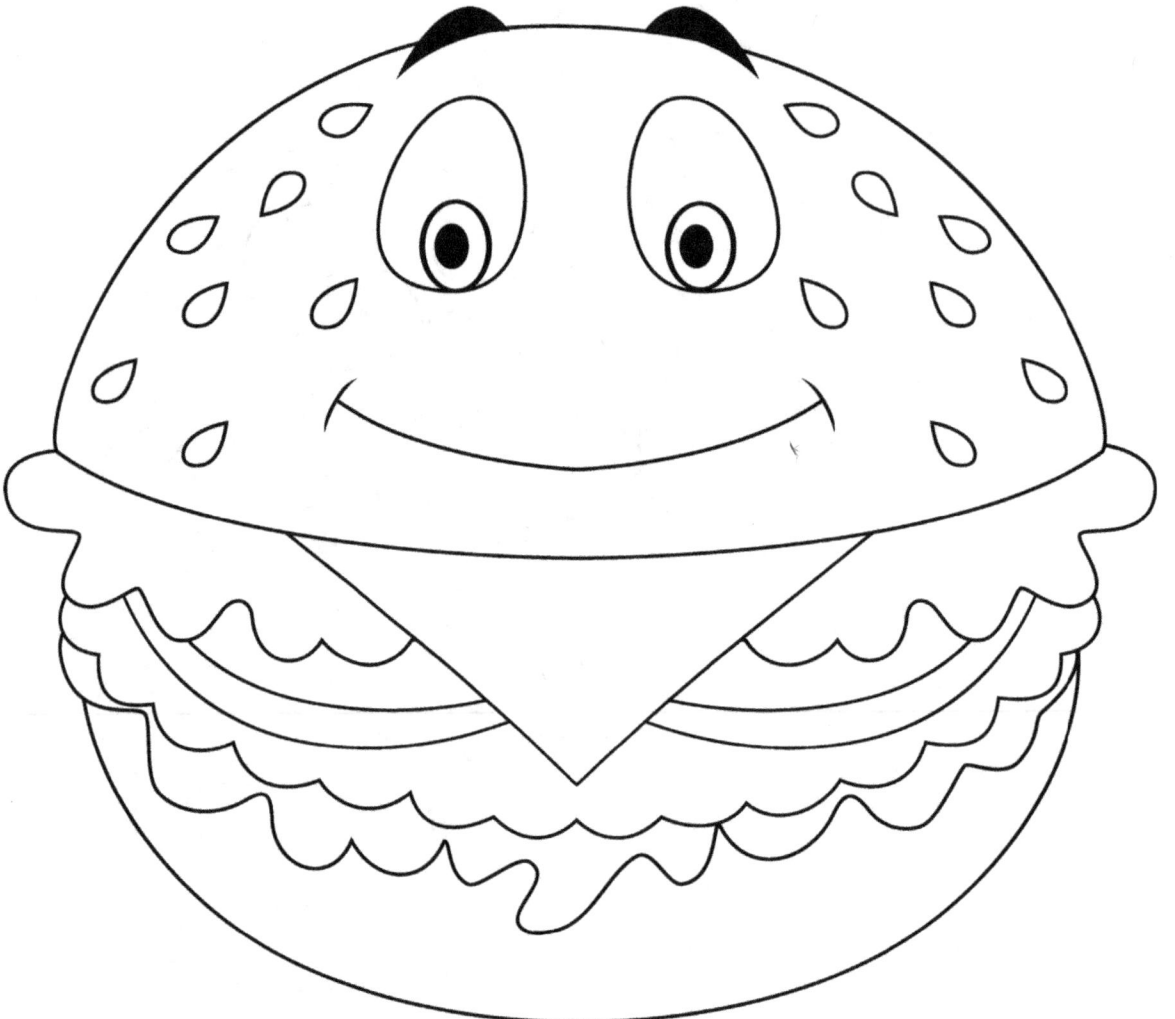

Hamburger

Hamburger

_____

_____

Hipopótamo

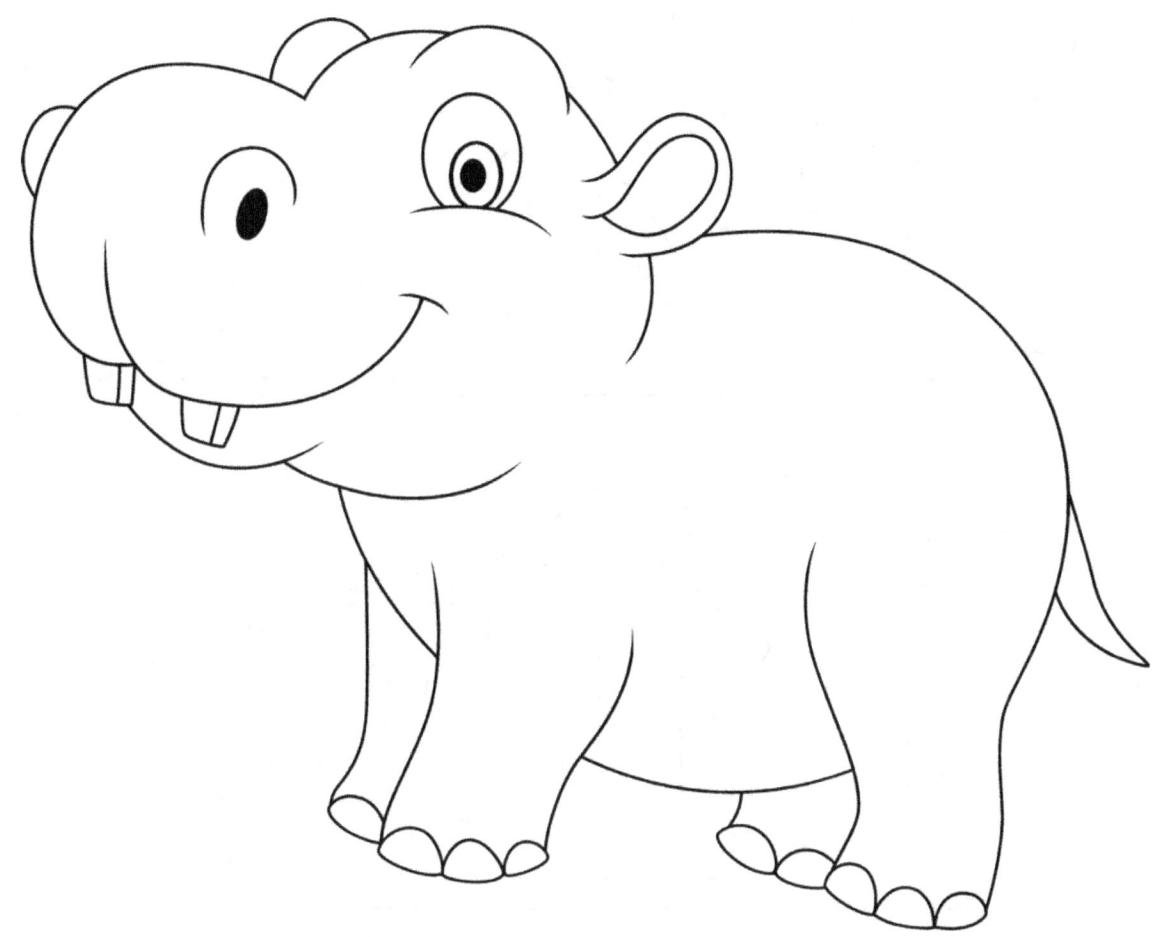

Hippopotame

Hippopotame

Casa

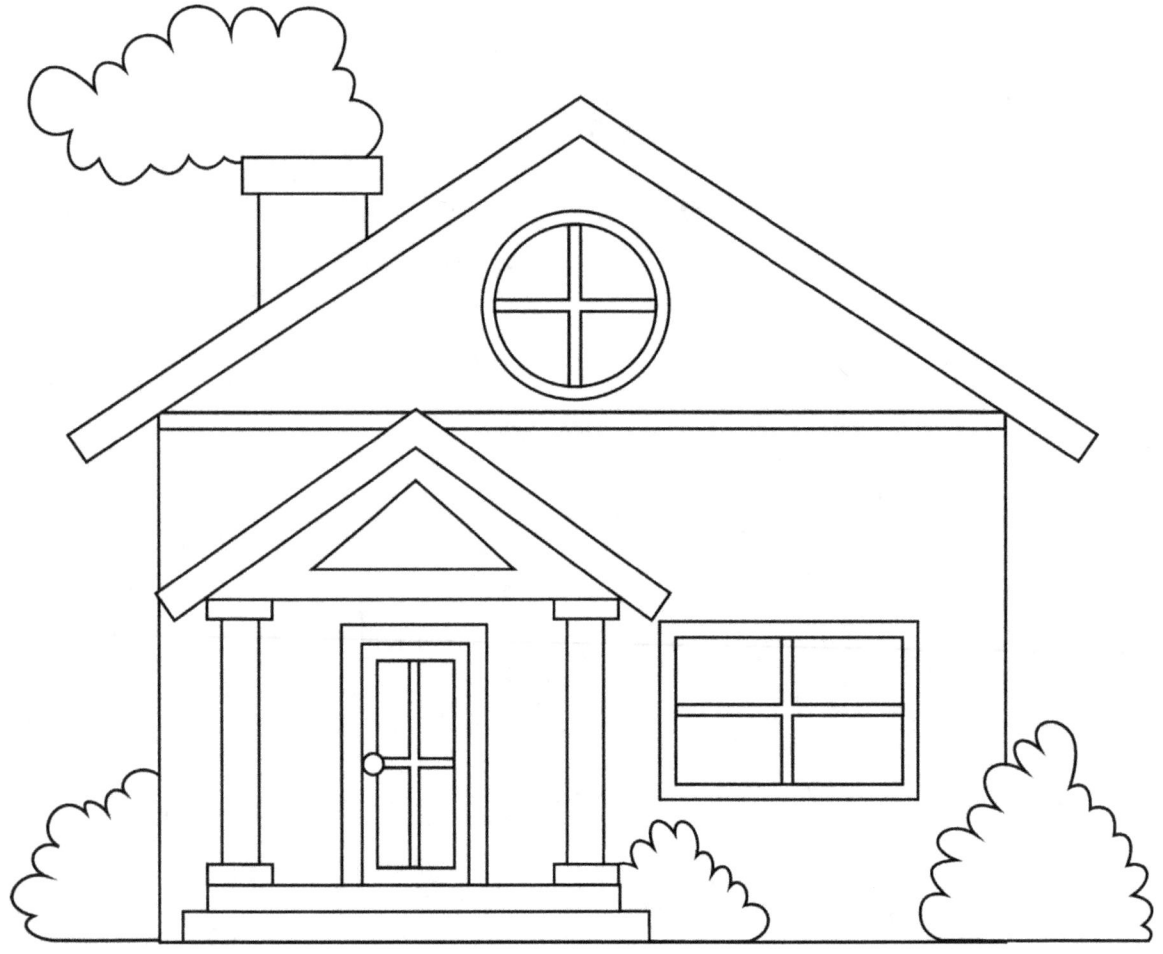

Maison

Maison

Uva	Raisi_
Hambúrguer	Hambu_g_r
Hipopótamo	_ippopotame
Casa	M_ison_

Sorvete

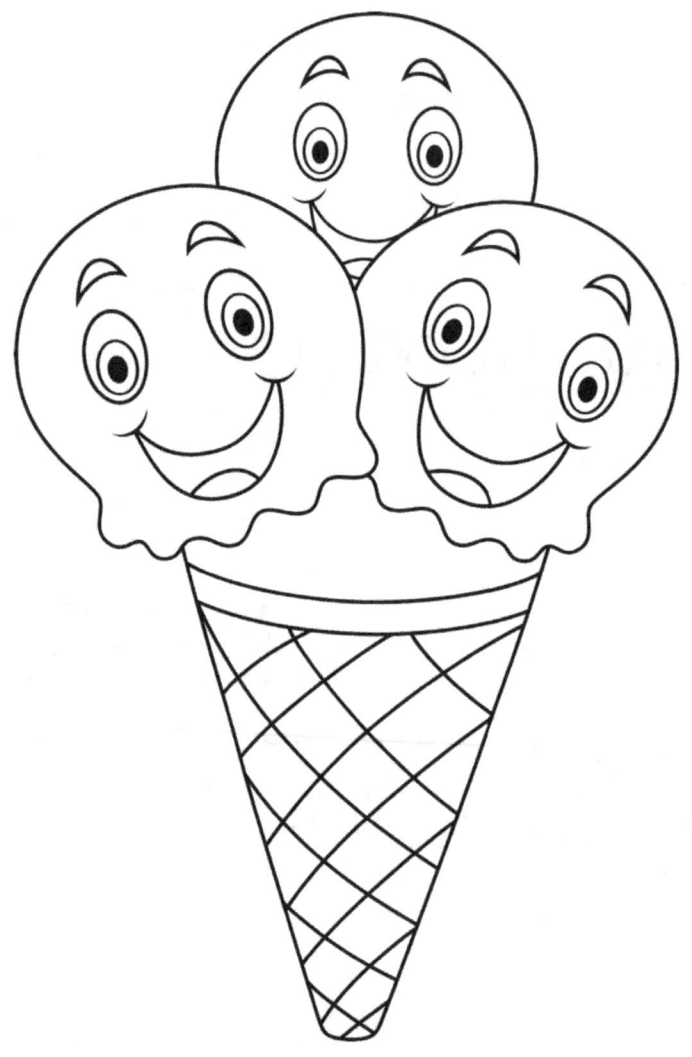

Crème glacée

Crème glacée
___
___
___

Iguana

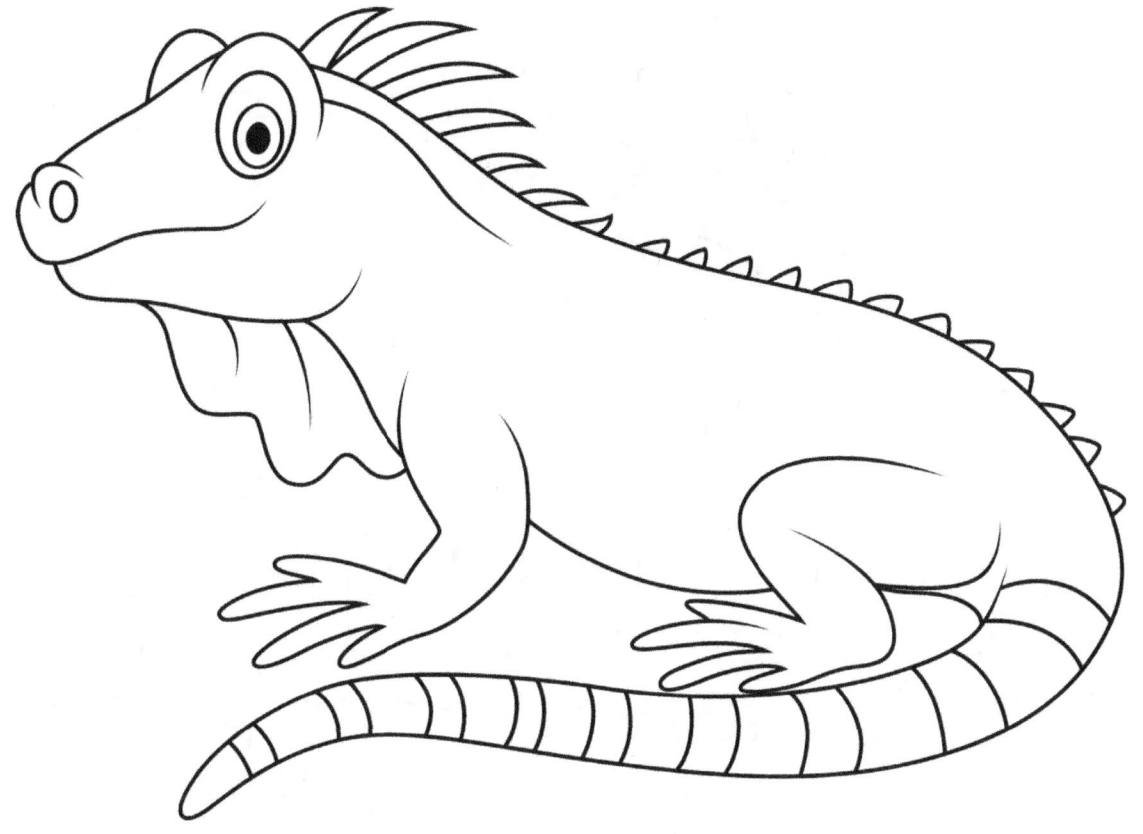

Iguane

Iguane

Pato

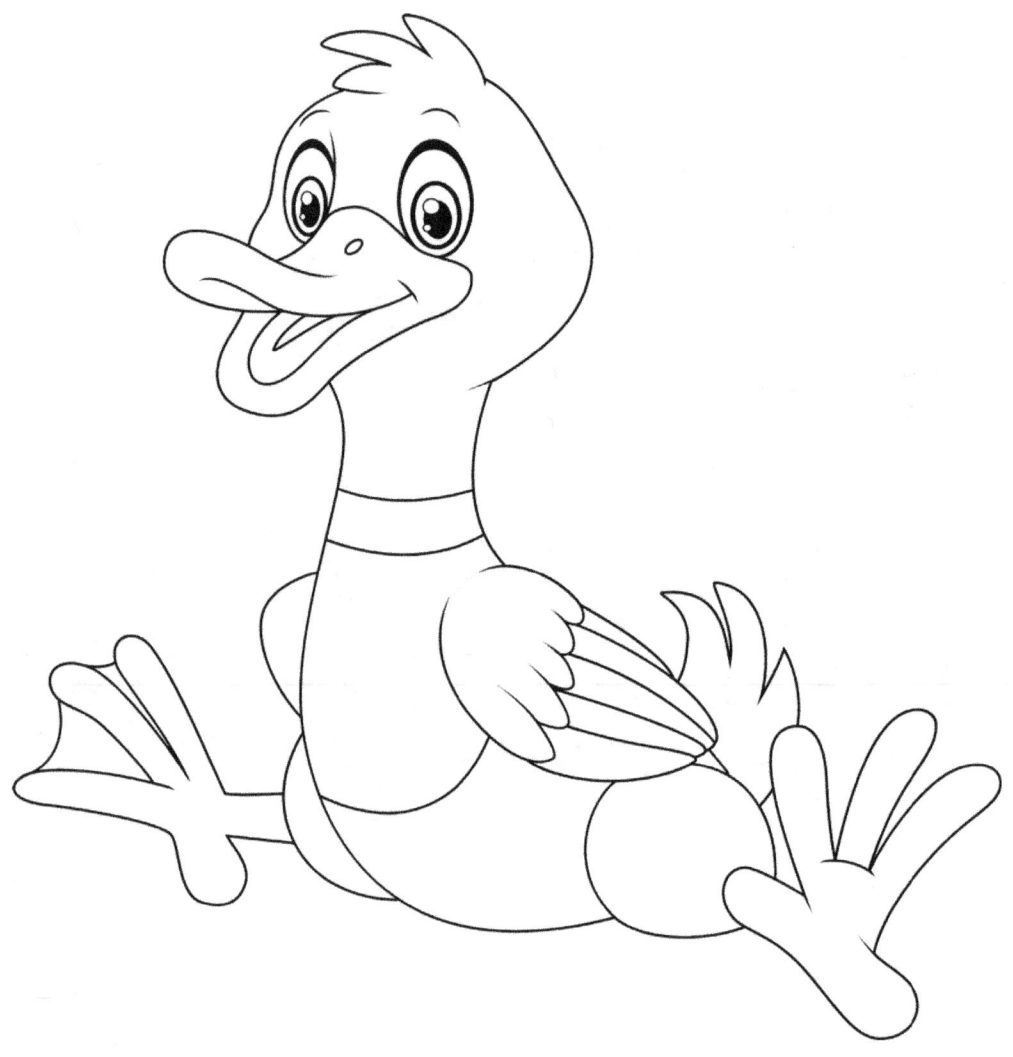

Canard

Canard
___
___
___

Jaguar

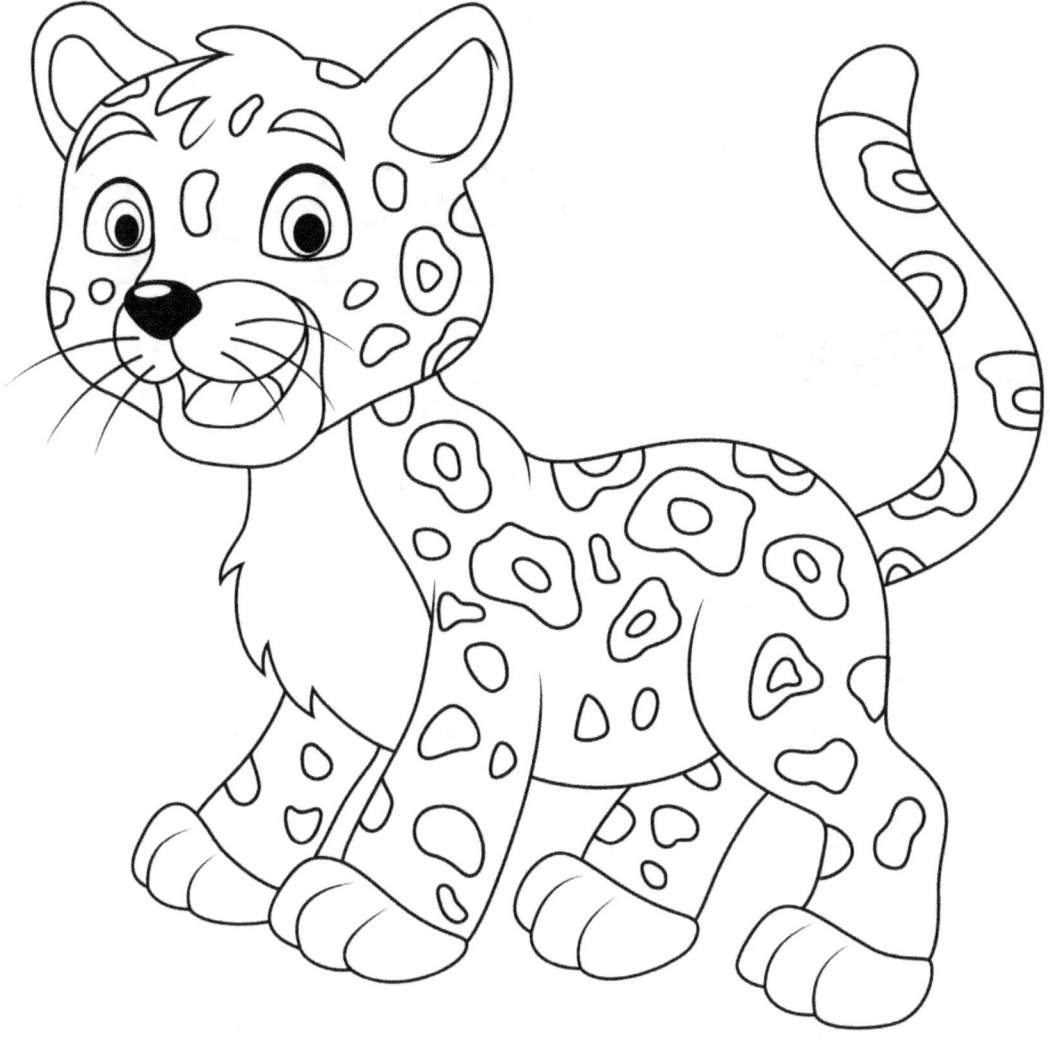

Jaguar

Jaguar
_____
_____
_____

Sorvete

_rème glac_e

Iguana

_g_ane

Pato

anar

Jaguar

agua

Geléia

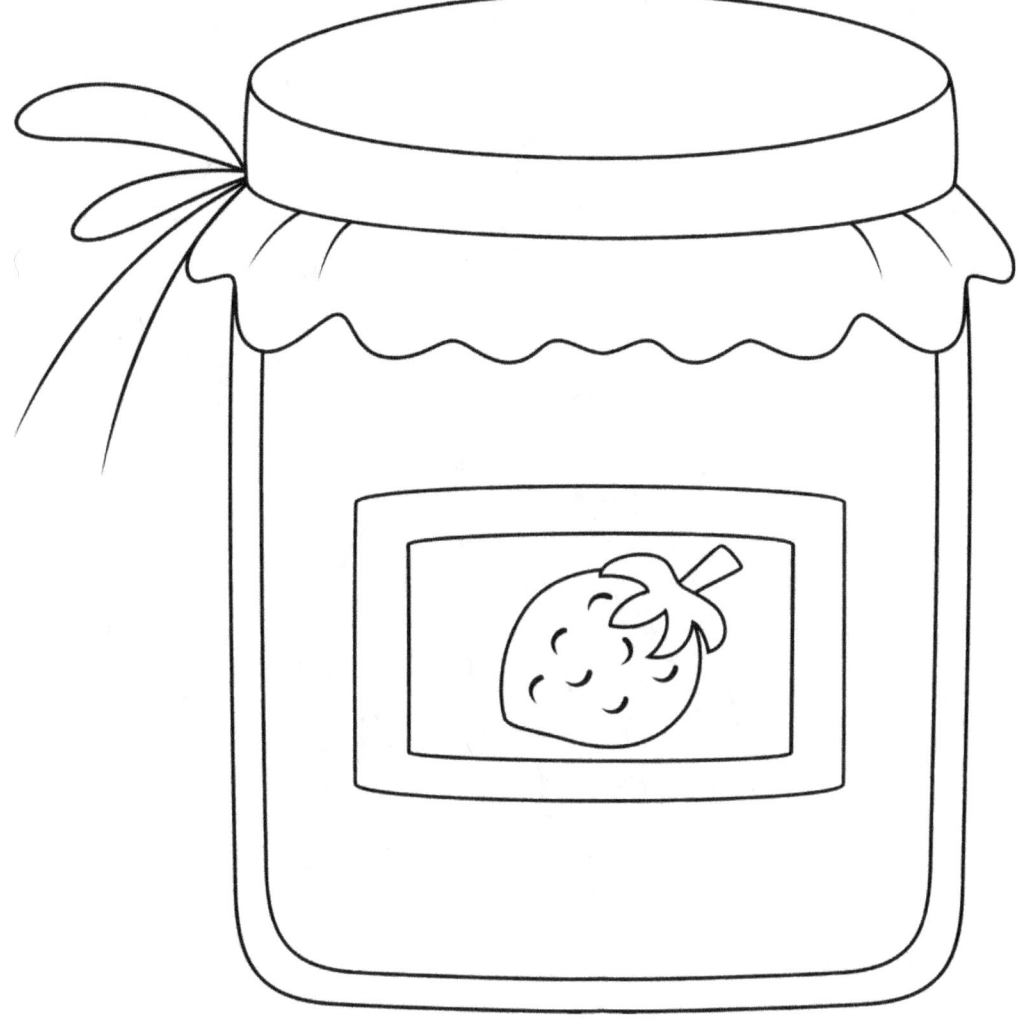

Confiture

Confiture

Água-viva

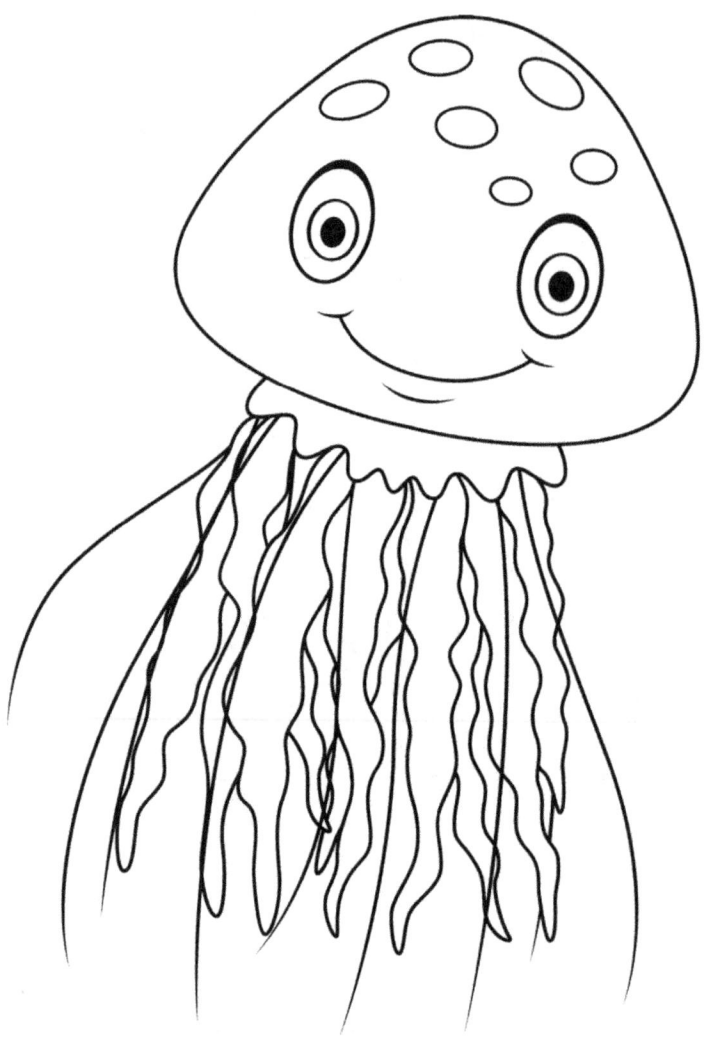

Méduse

Méduse
_____
_____
_____

Zepelim

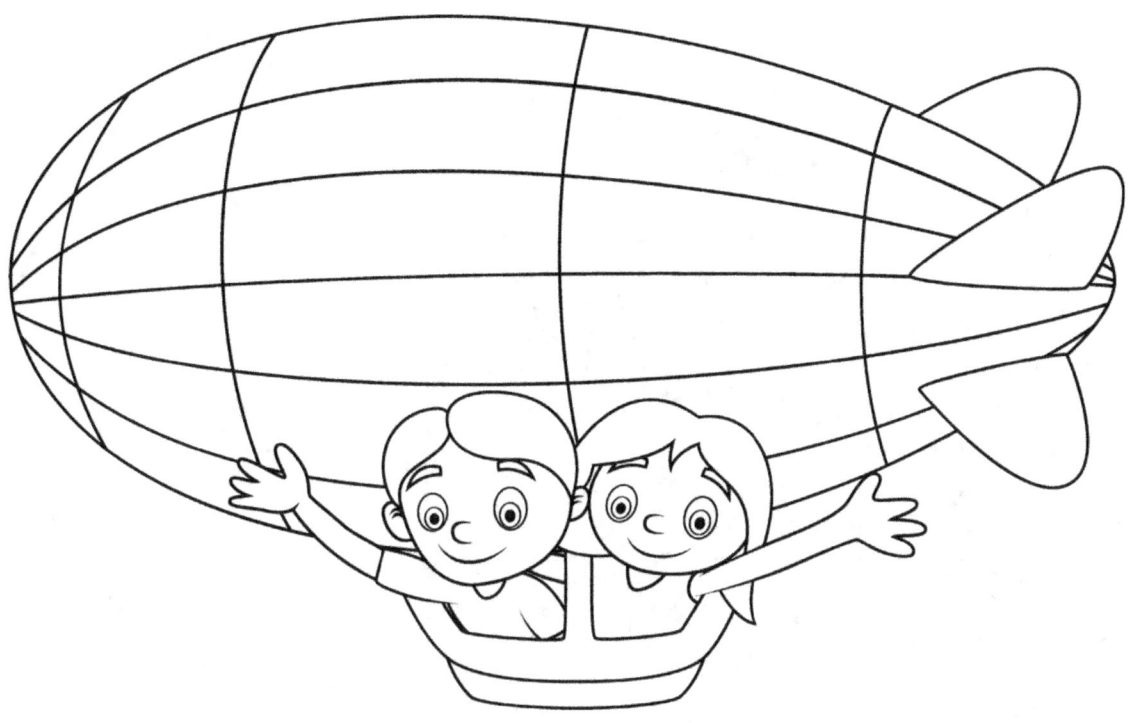

Zeppelin

Zeppelin

Kiwi

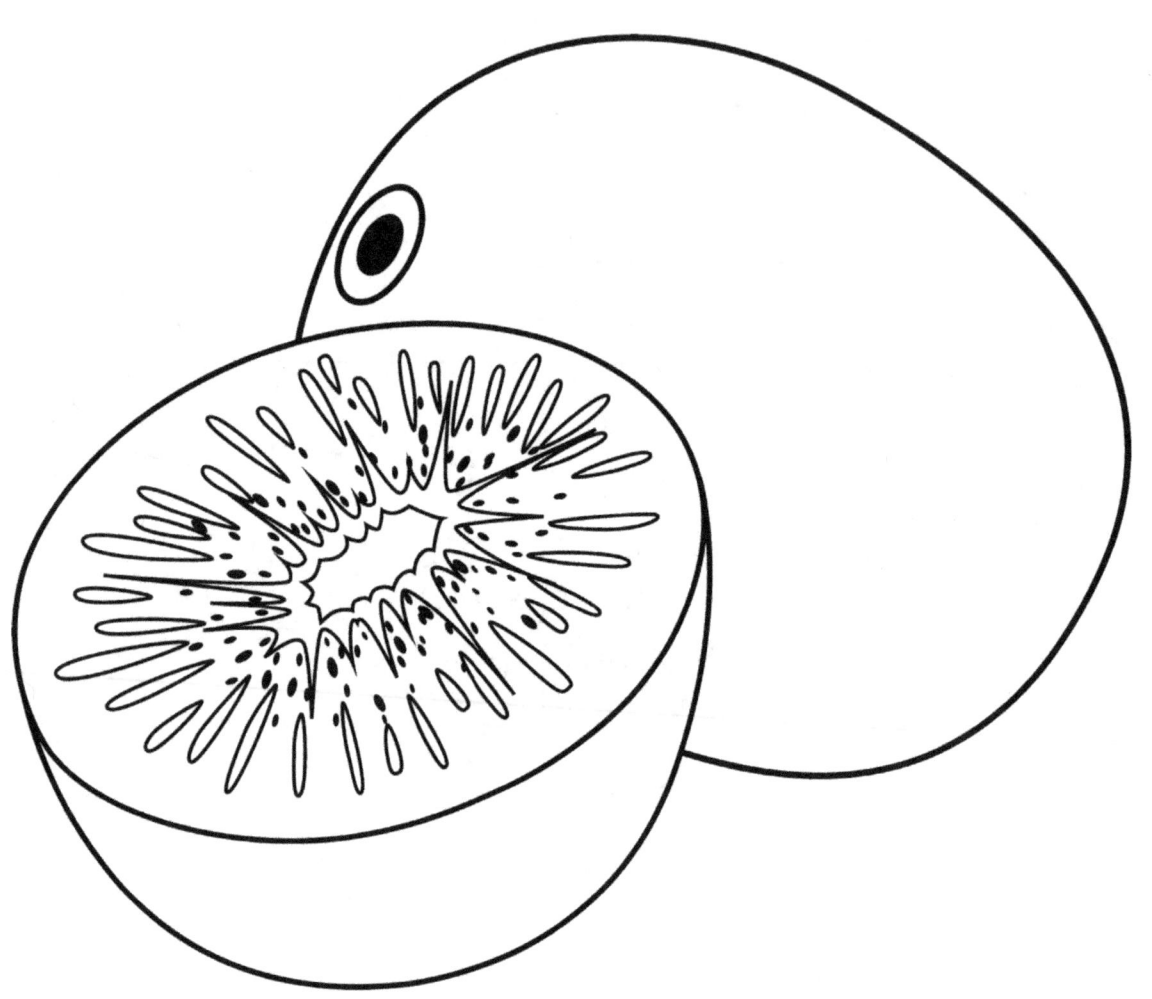

Kiwi

Kiwi

Geléia

Conf_t_re

Água-viva

M_dus_

Zepelim

Z_ppel_n

Kiwi

K__i

Morango

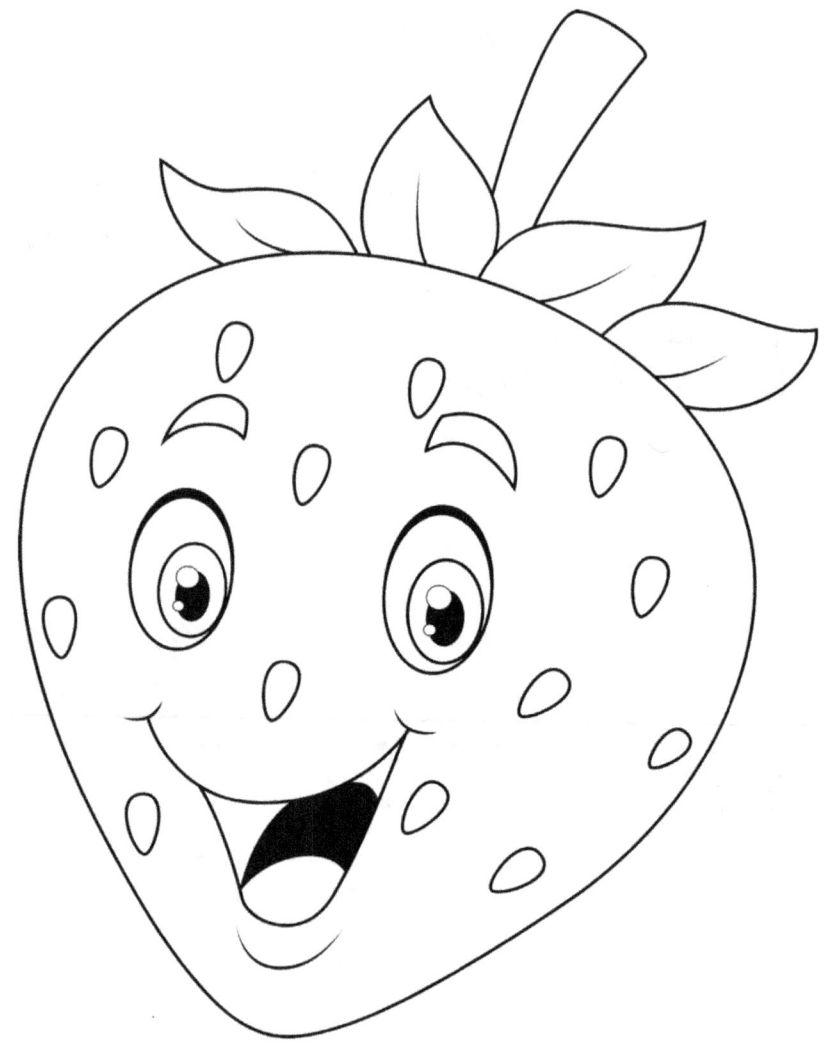

Fraise

Fraise

Folhas

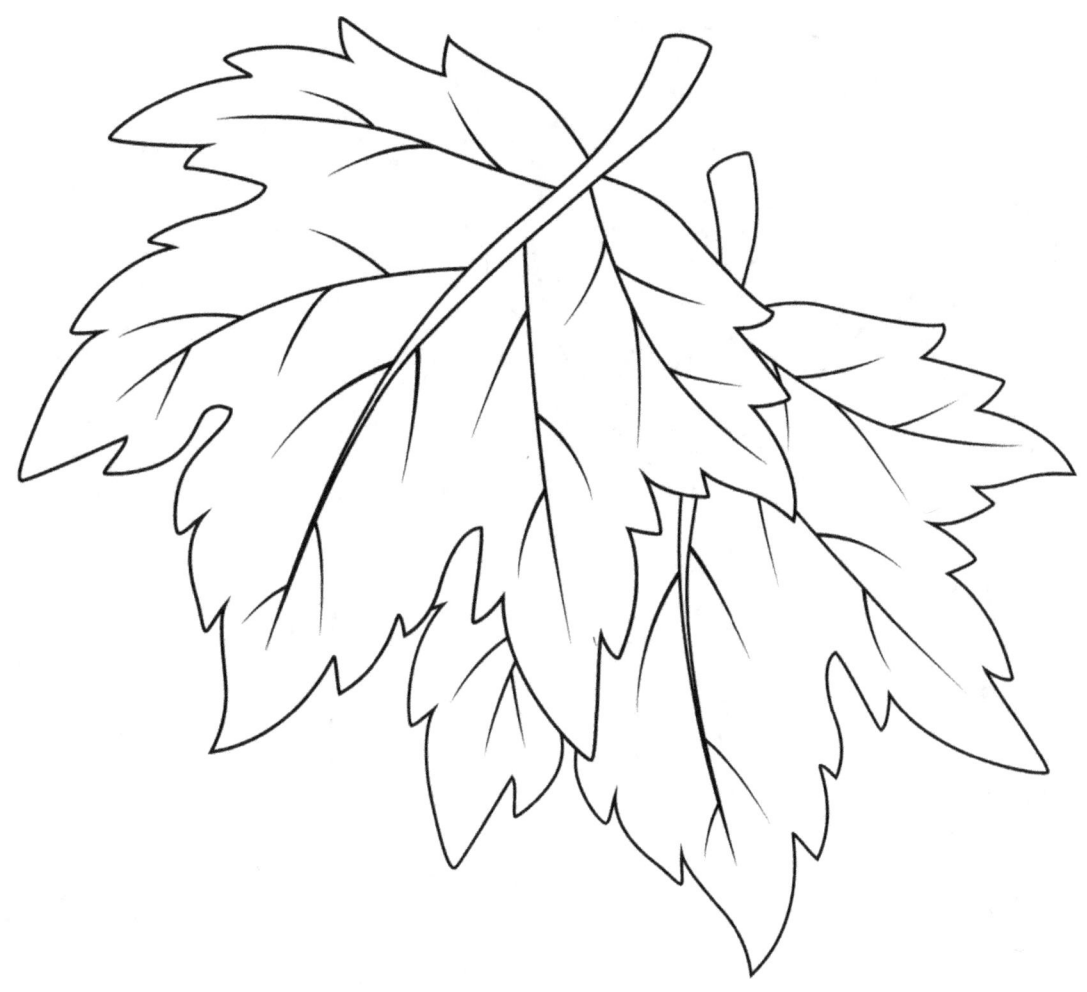

Feuilles

Feuilles
_____
_____
_____

Lâmpada

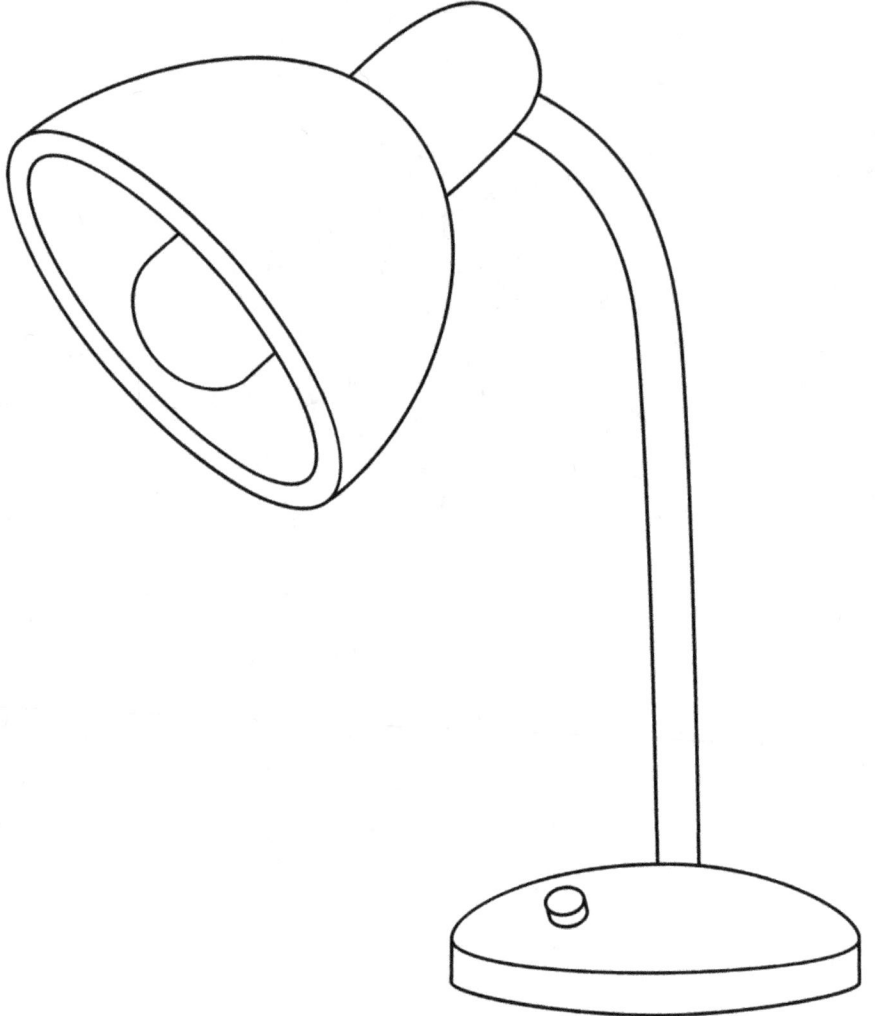

Lampe

Lampe

Leão

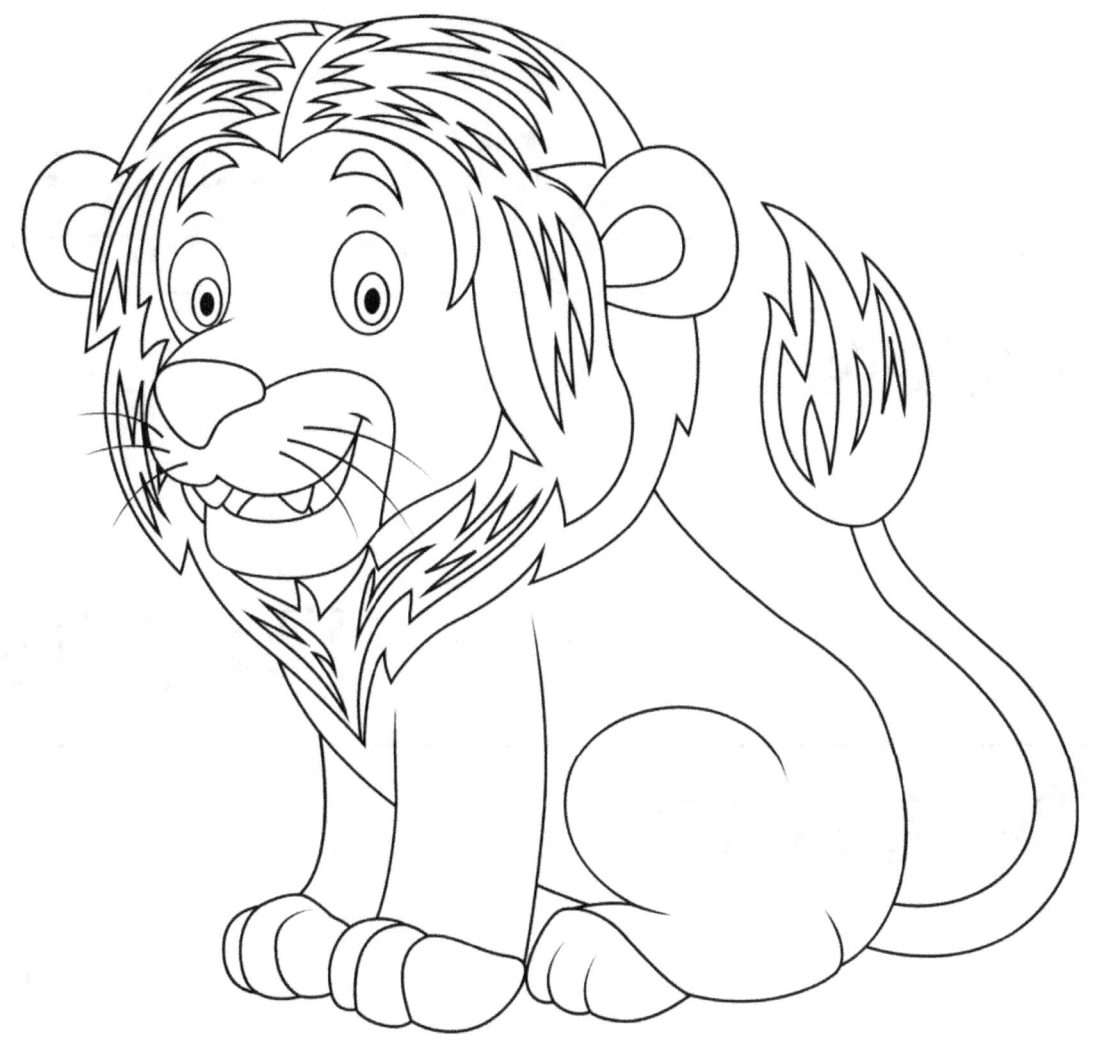

Lion

Lion

Morango

F_ai_e

Folhas

Fe_ille_

Lâmpada

L_mp_

Leão

_i_n

Macaco

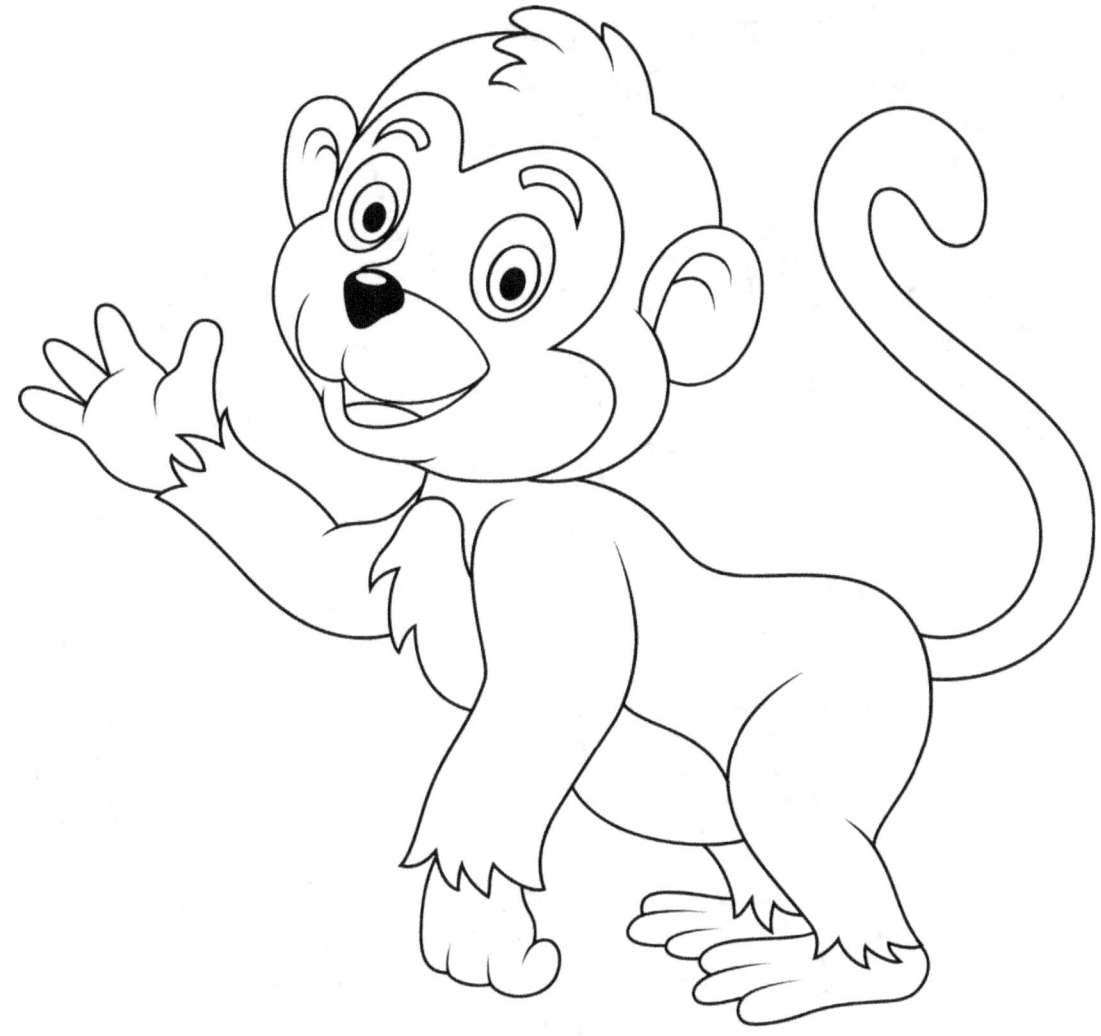

Singe

Singe

Rato

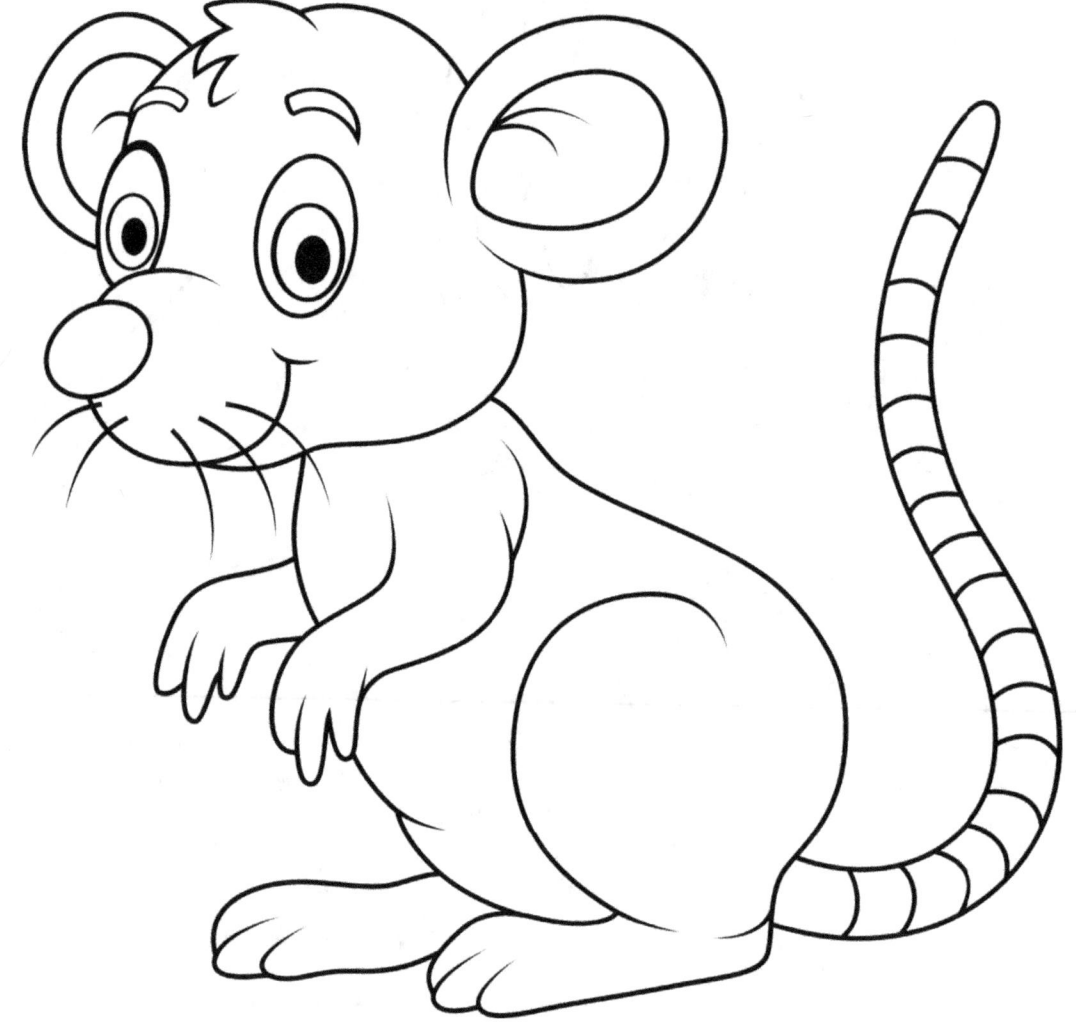

Souris

Souris
_____
_____
_____

Mata-moscas

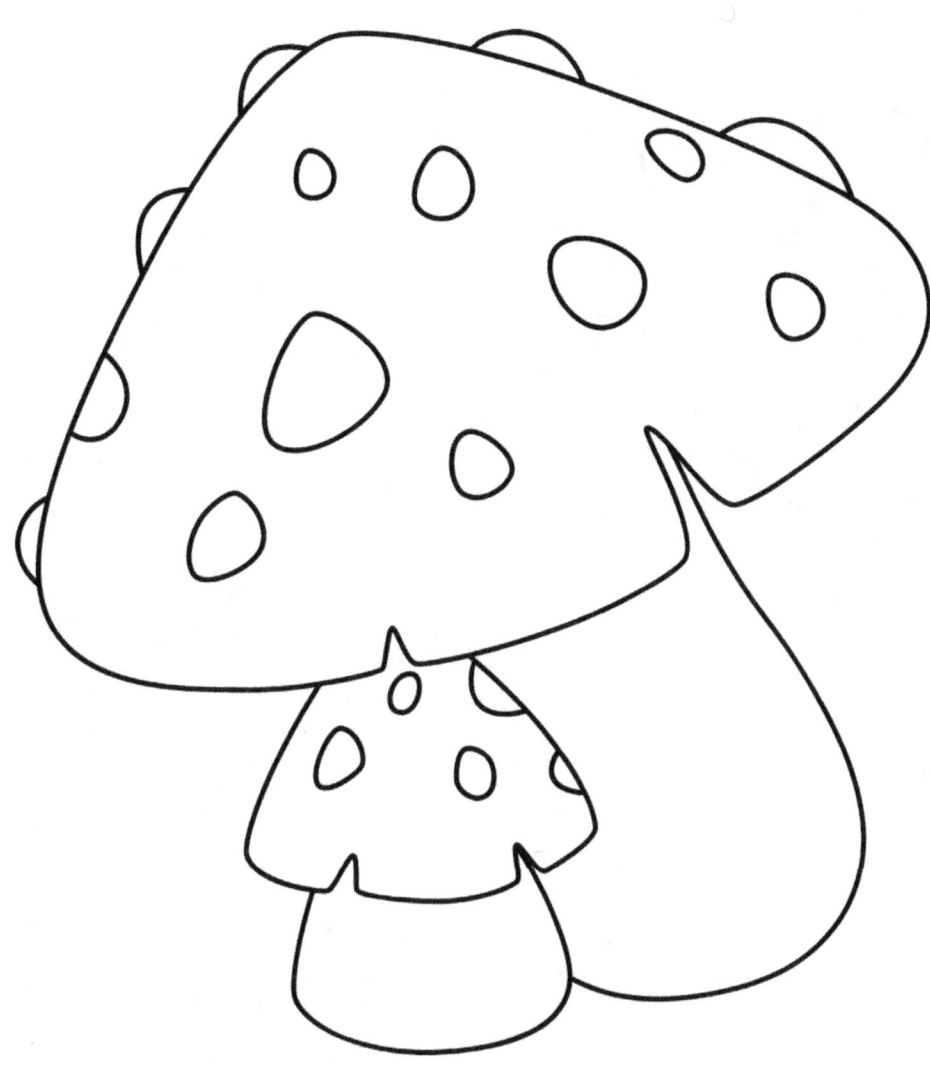

Amanite tue-mouches

Amanite tue-mouches

Prego

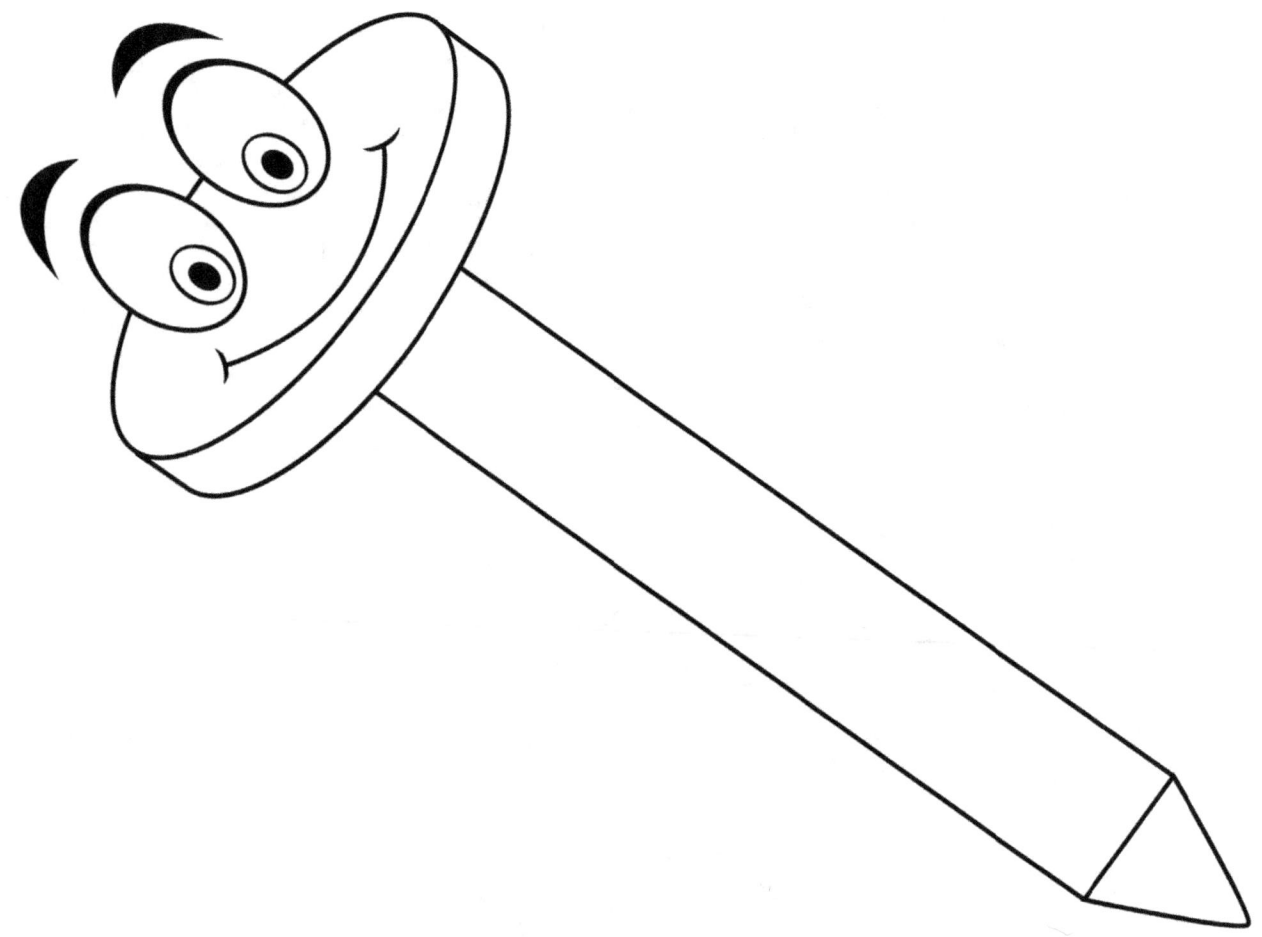

Clou

Clou
_____
_____
_____

Macaco	
	Si_g_
Rato	
	Sou_is
Mata-moscas	
Amanite_tue-mo_ches	
Prego	
	C_o_

Cavalo

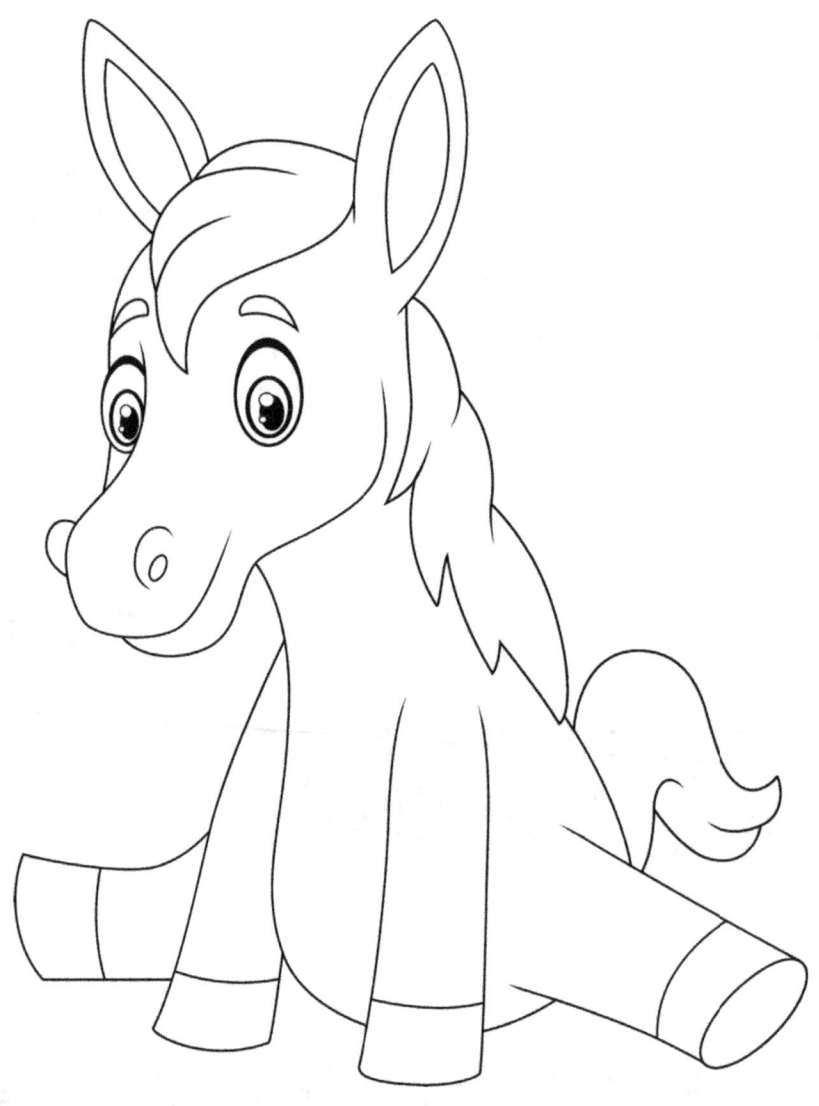

Cheval

Cheval

Noz

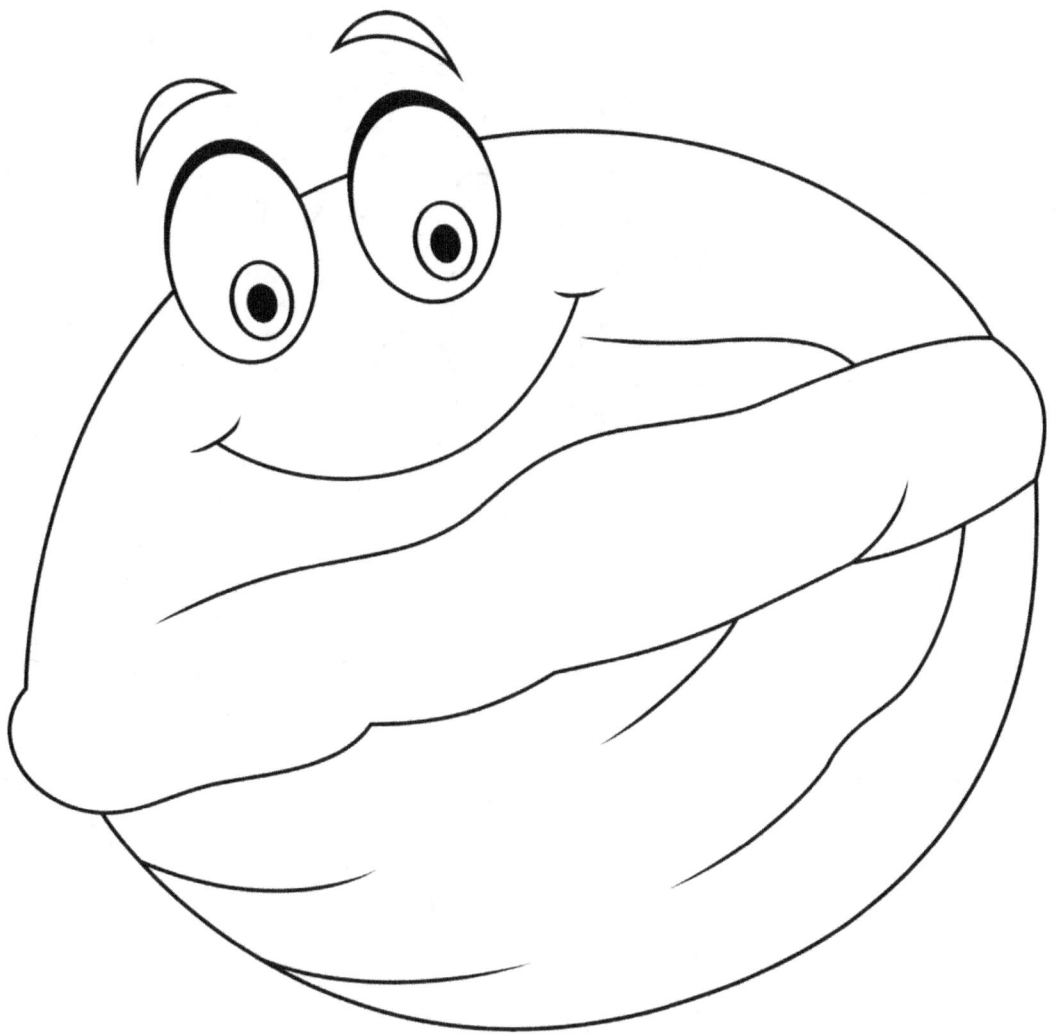

Noix

Noix
___
___
___

Polvo

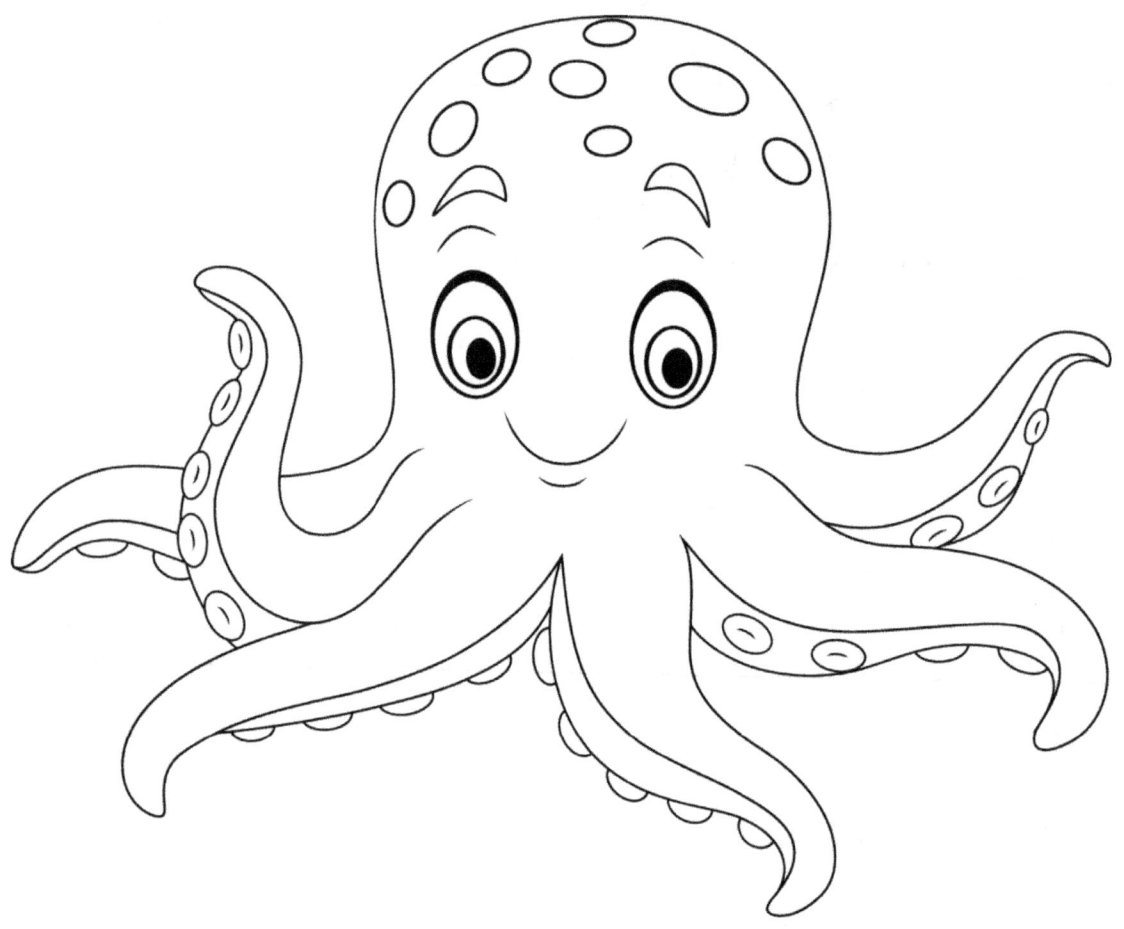

Pieuvre

Pieuvre
_____
_____
_____

Laranja

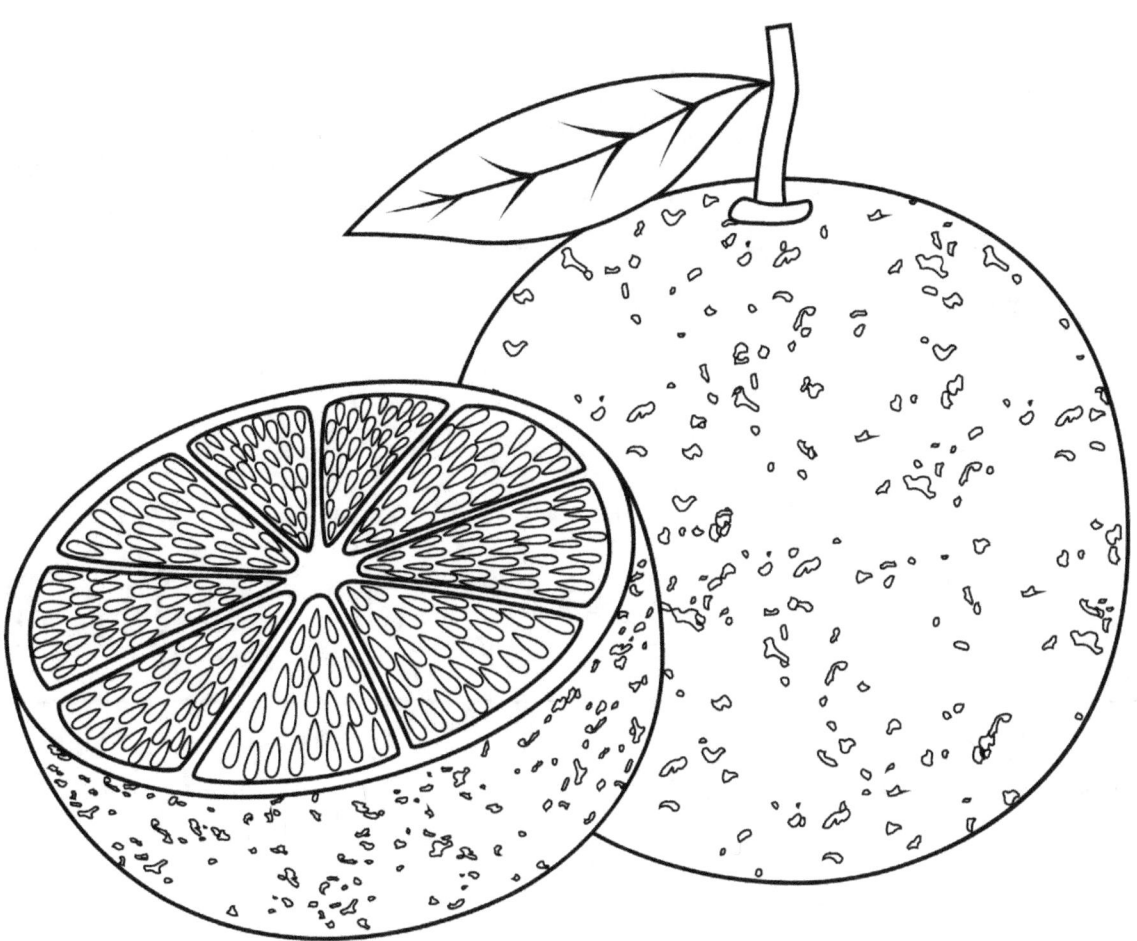

Orange

Orange
_____

_____

_____

Cavalo	
	Cheva_
Noz	
	N_i_
Polvo	
	Pie__re
Laranja	
	_ran_e

Coruja

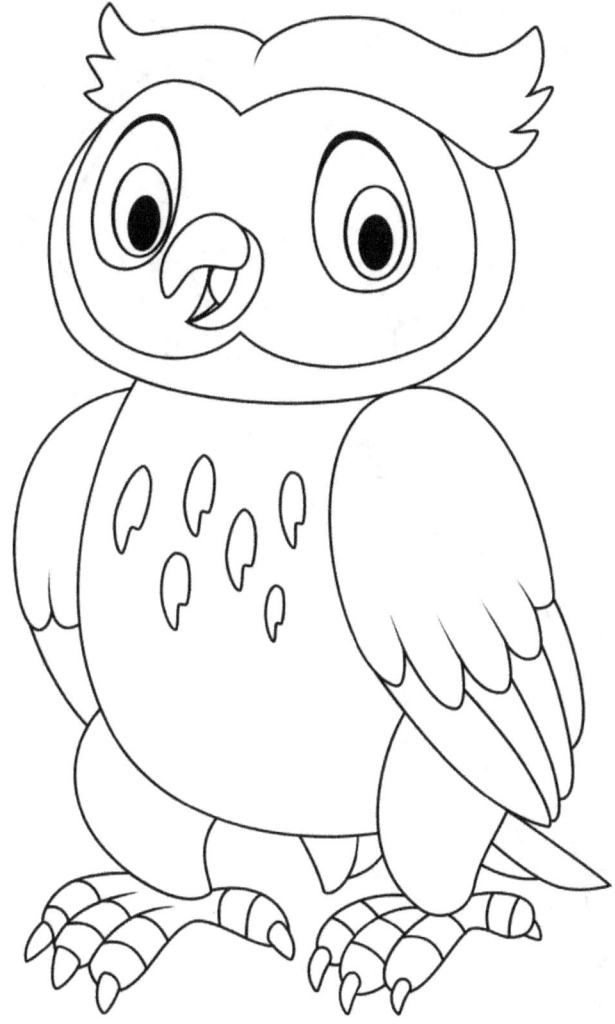

Chouette

Chouette
_____

_____

_____

Caneta

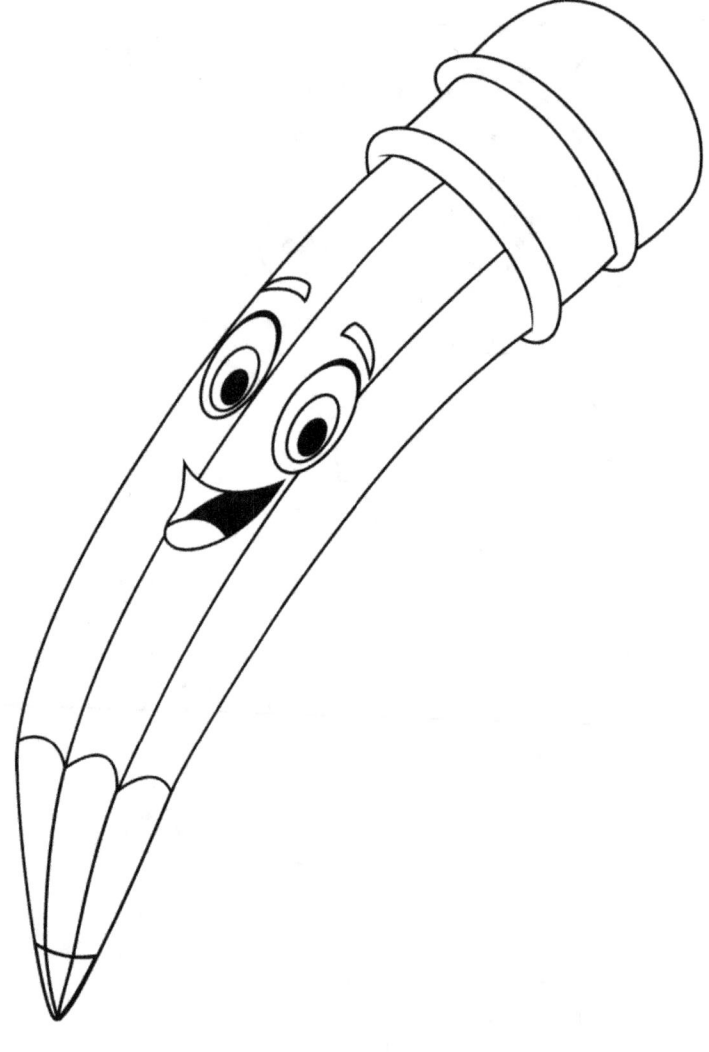

Stylo

Stylo
_____
_____
_____

Torta

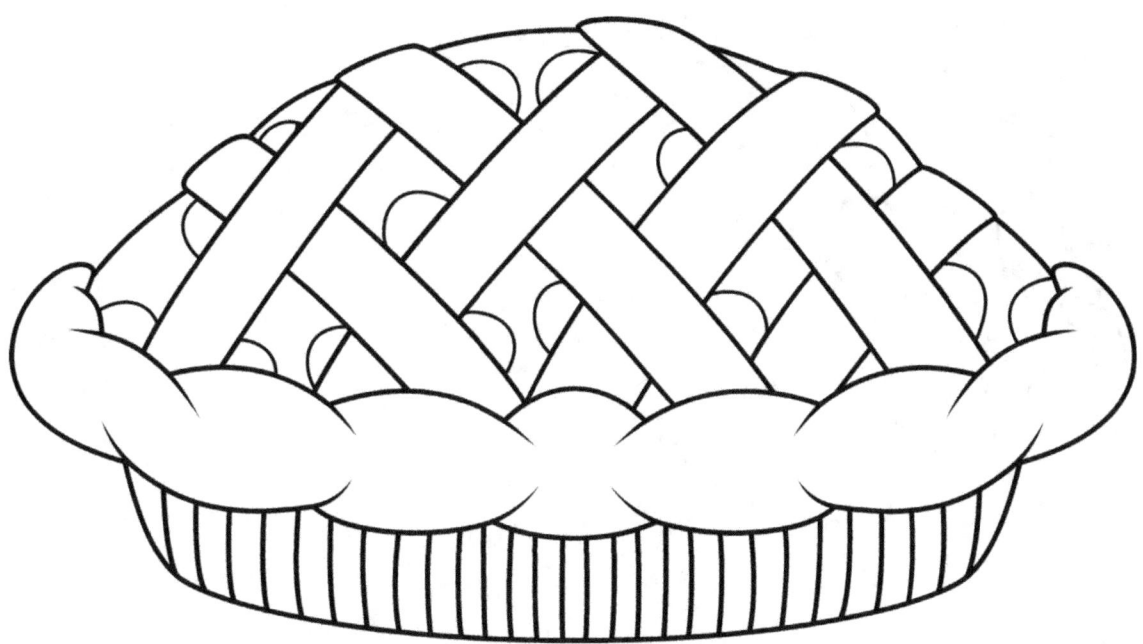

Tarte

Tarte
_____

_____

_____

Porco

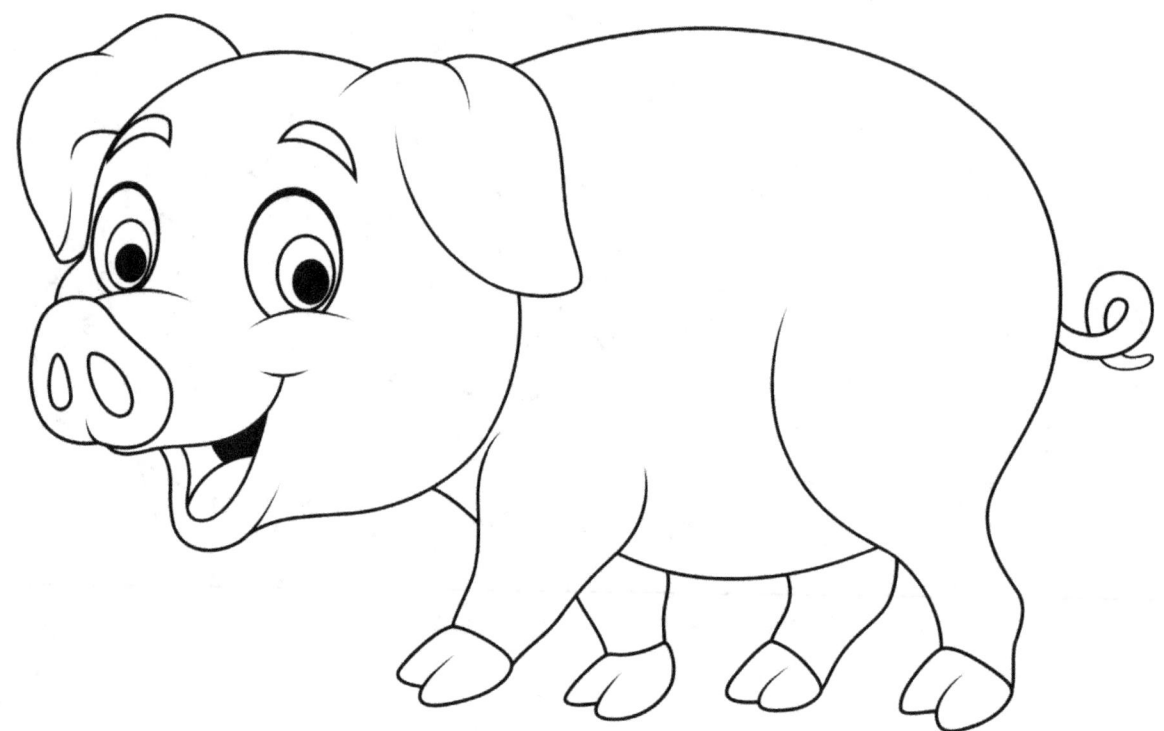

Cochon

Cochon

Coruja	Chou__te
Caneta	Sty_o_
Torta	T_rt_
Porco	Co__on

Pássaro

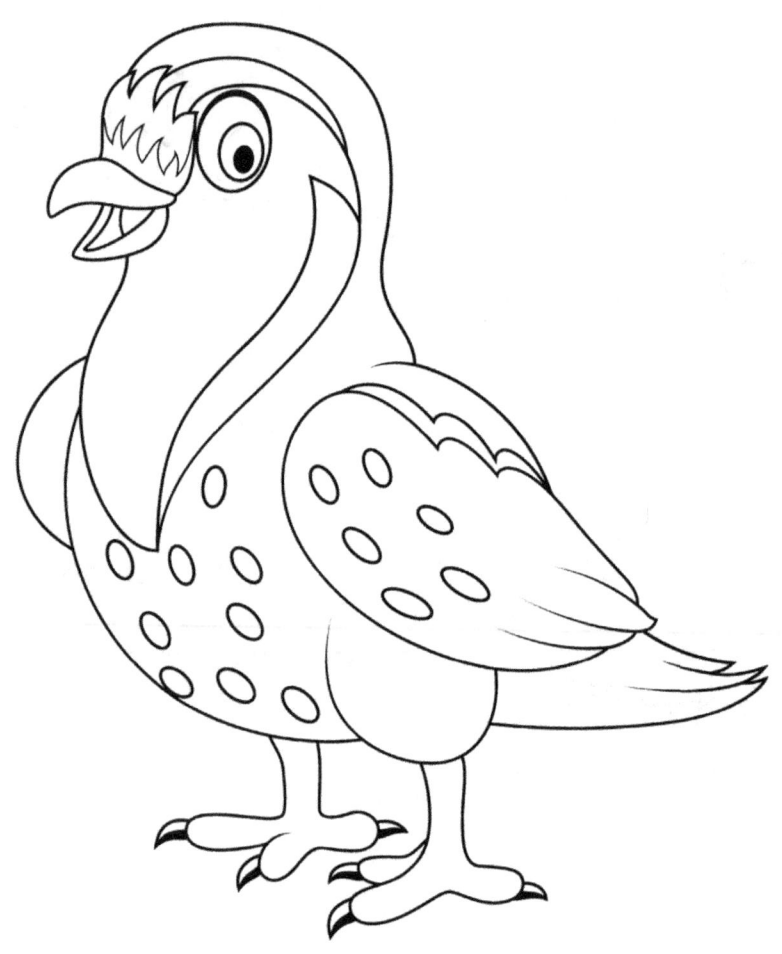

Oiseau

Oiseau
_____

_____

_____

Rainha

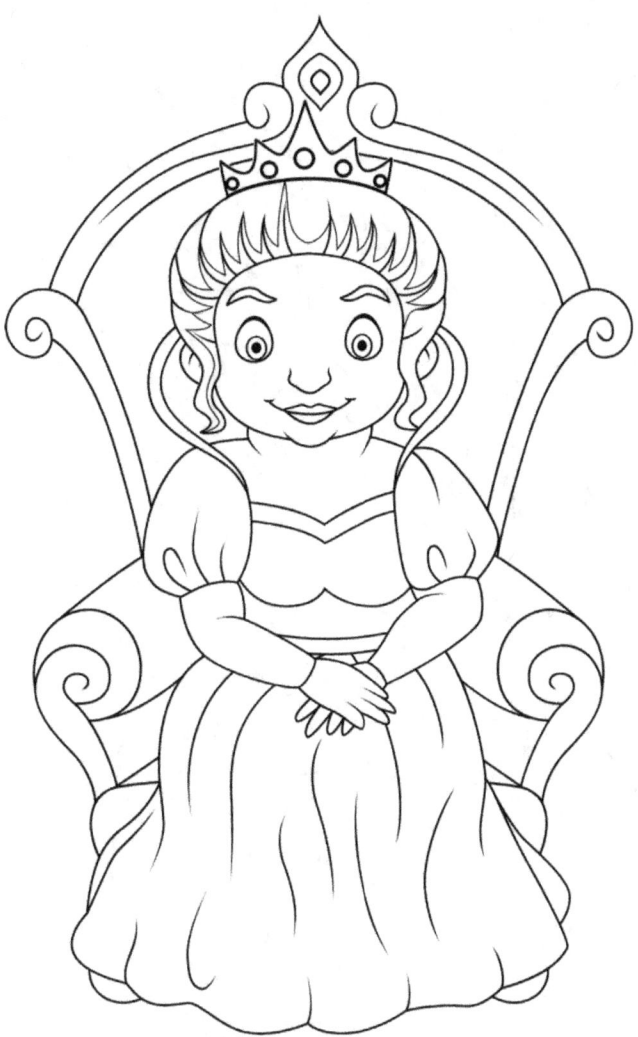

Reine

Reine
_____
_____
_____

Pena

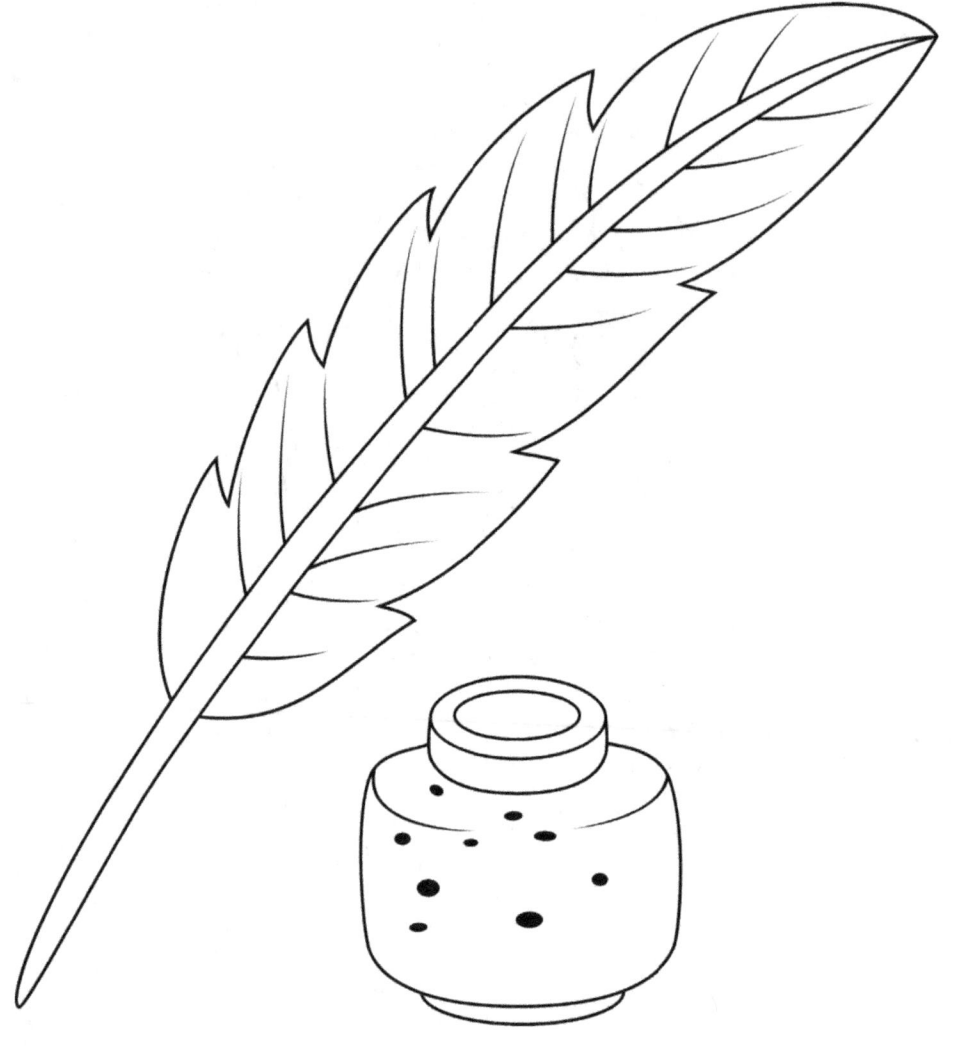

Plume

Plume

Coelho

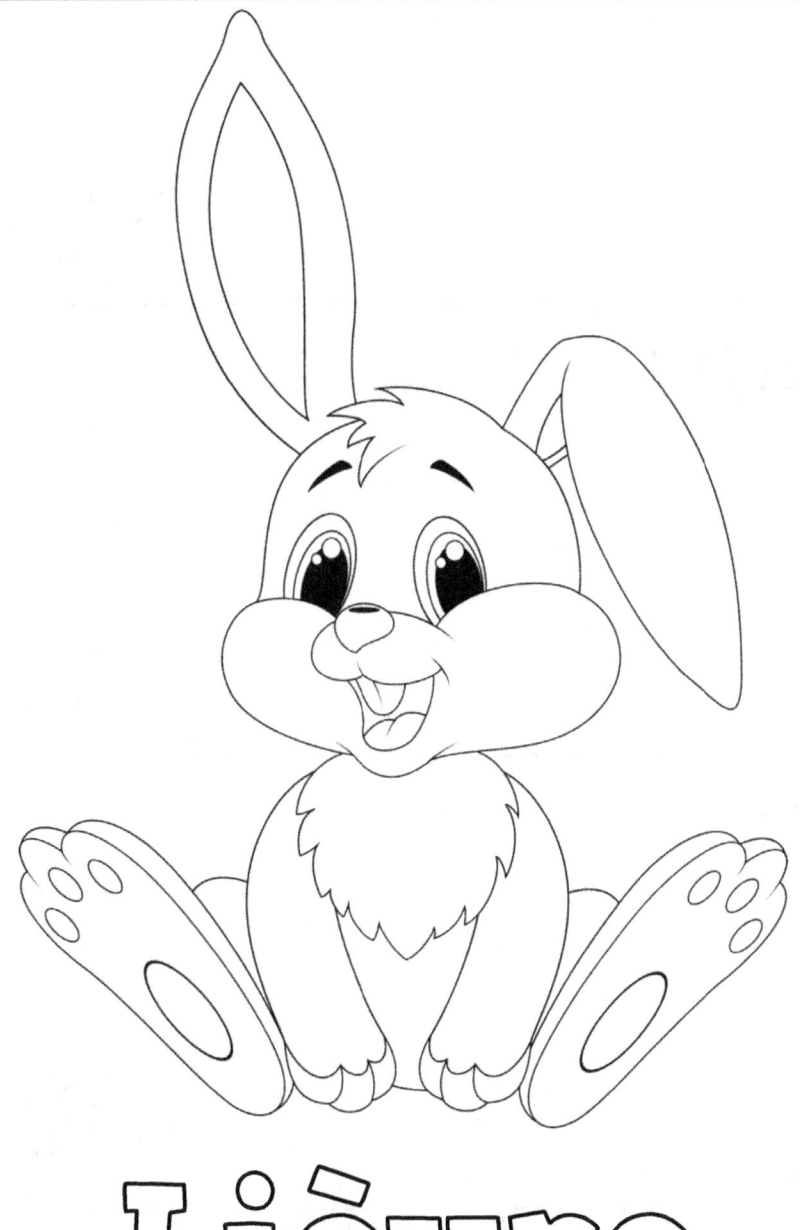

Lièvre

Lièvre
_____
_____
_____

Pássaro

O_se_u

Rainha

ein

Pena

Pl_me

Coelho

ièvr

Rinoceronte

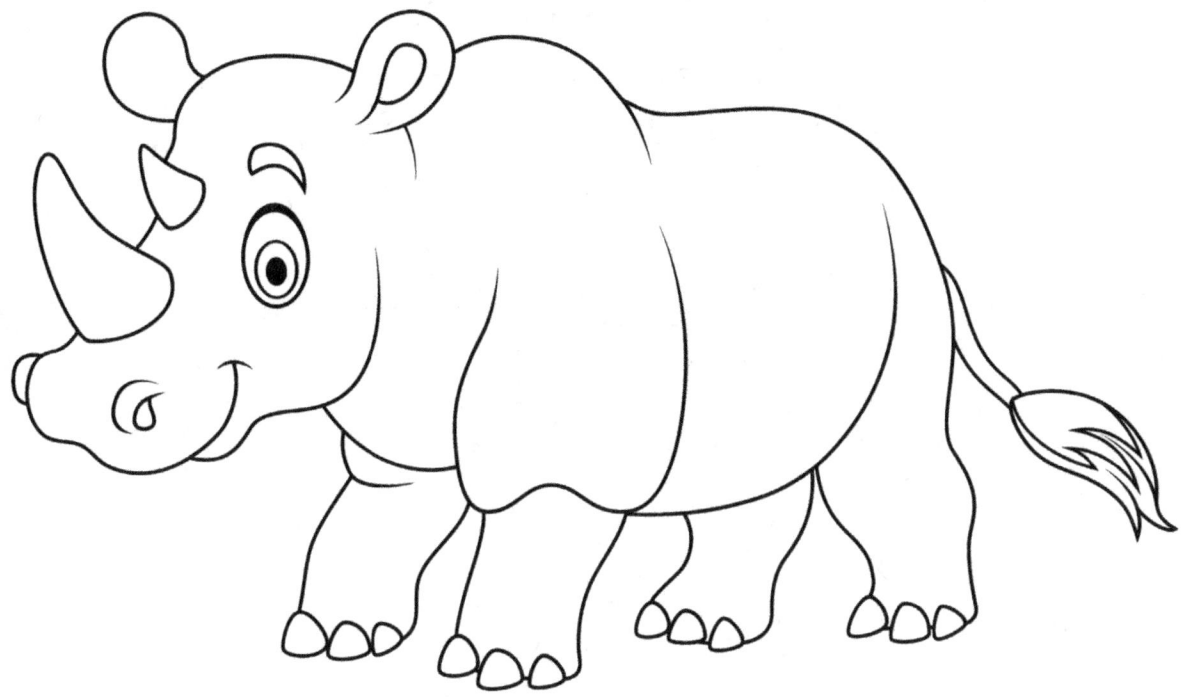

Rhinocéros

Rhinocéros
_____
_____
_____

Robô

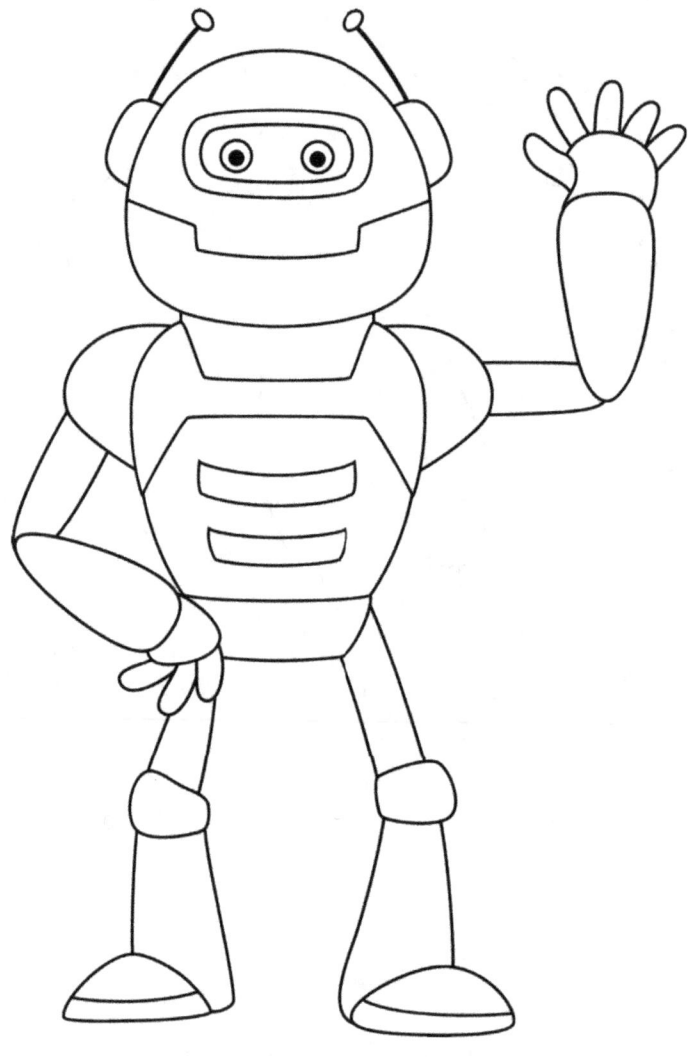

Robot

Robot

Tigre

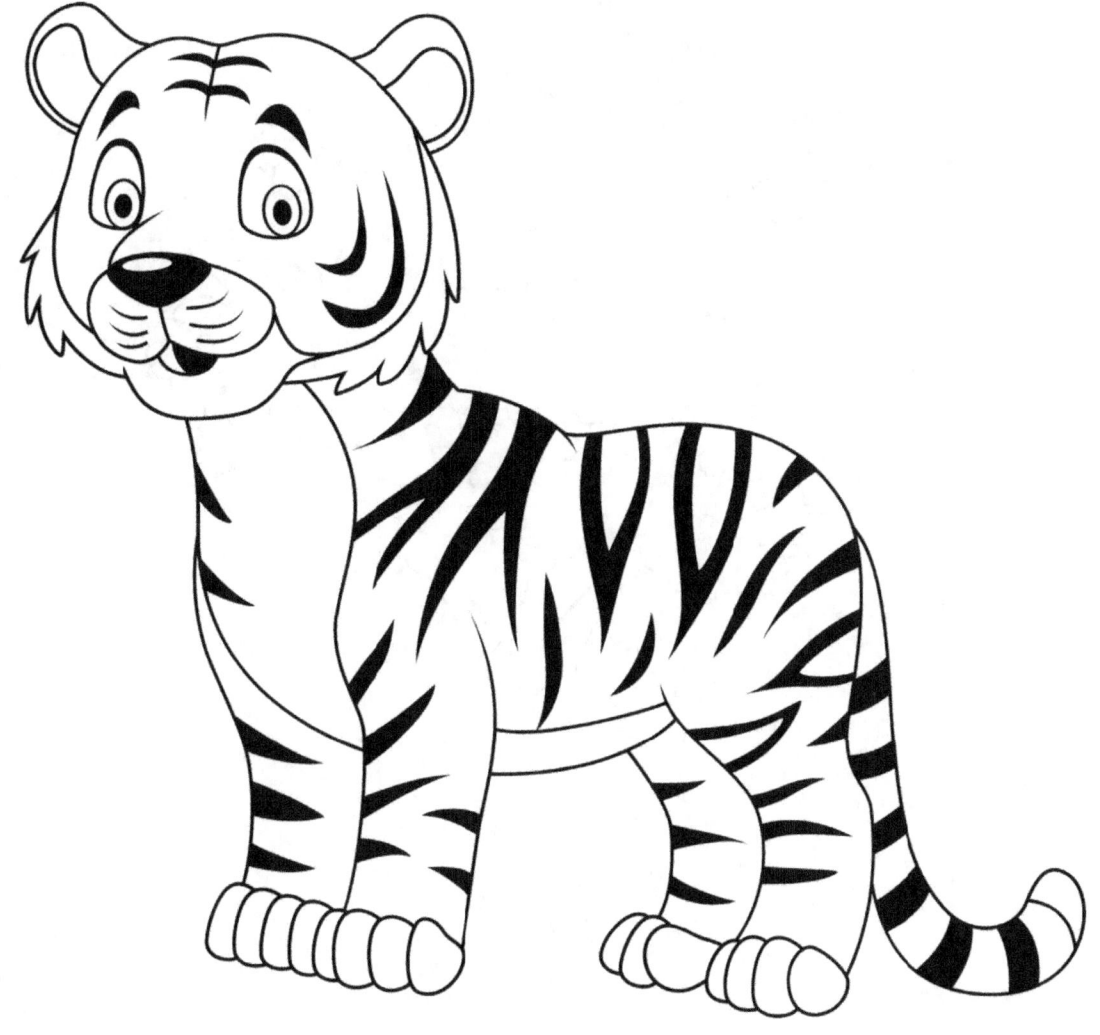

Tigre

Tigre
_____
_____
_____

Árvore

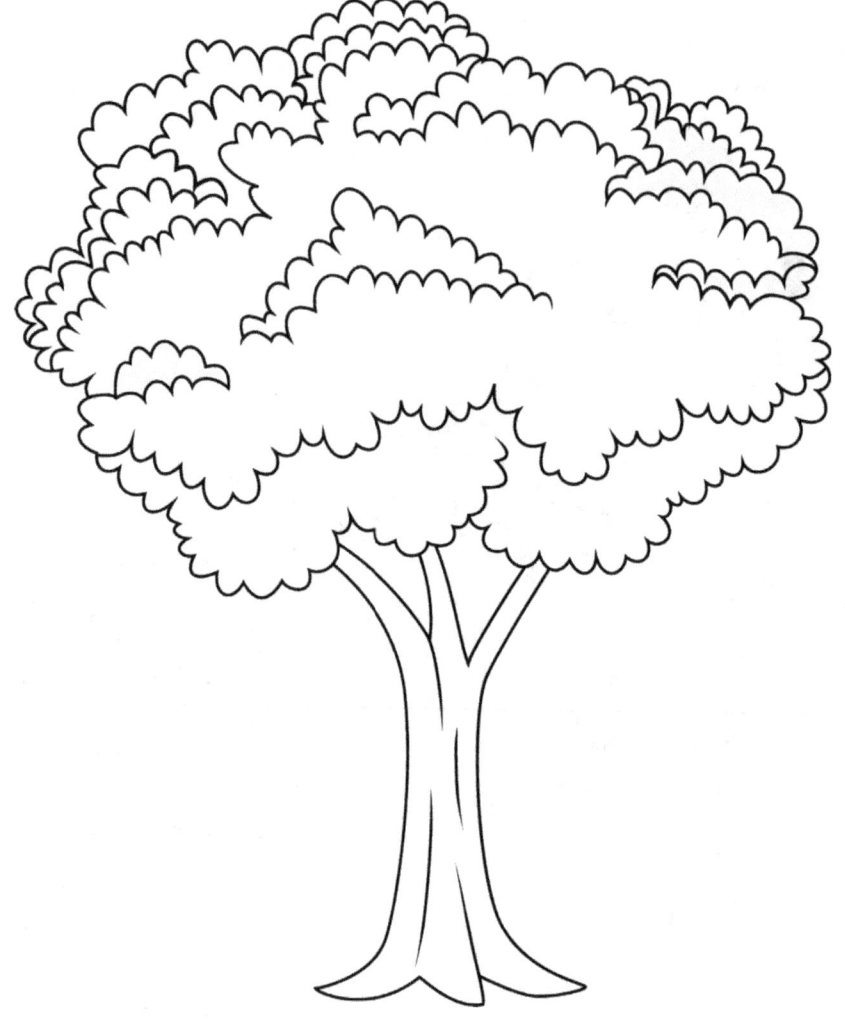

Arbre

Arbre
_____
_____
_____

Rinoceronte

_h_nocéros

Robô

obo

Tigre

igr

Árvore

Ar__e

Guarda-chuva

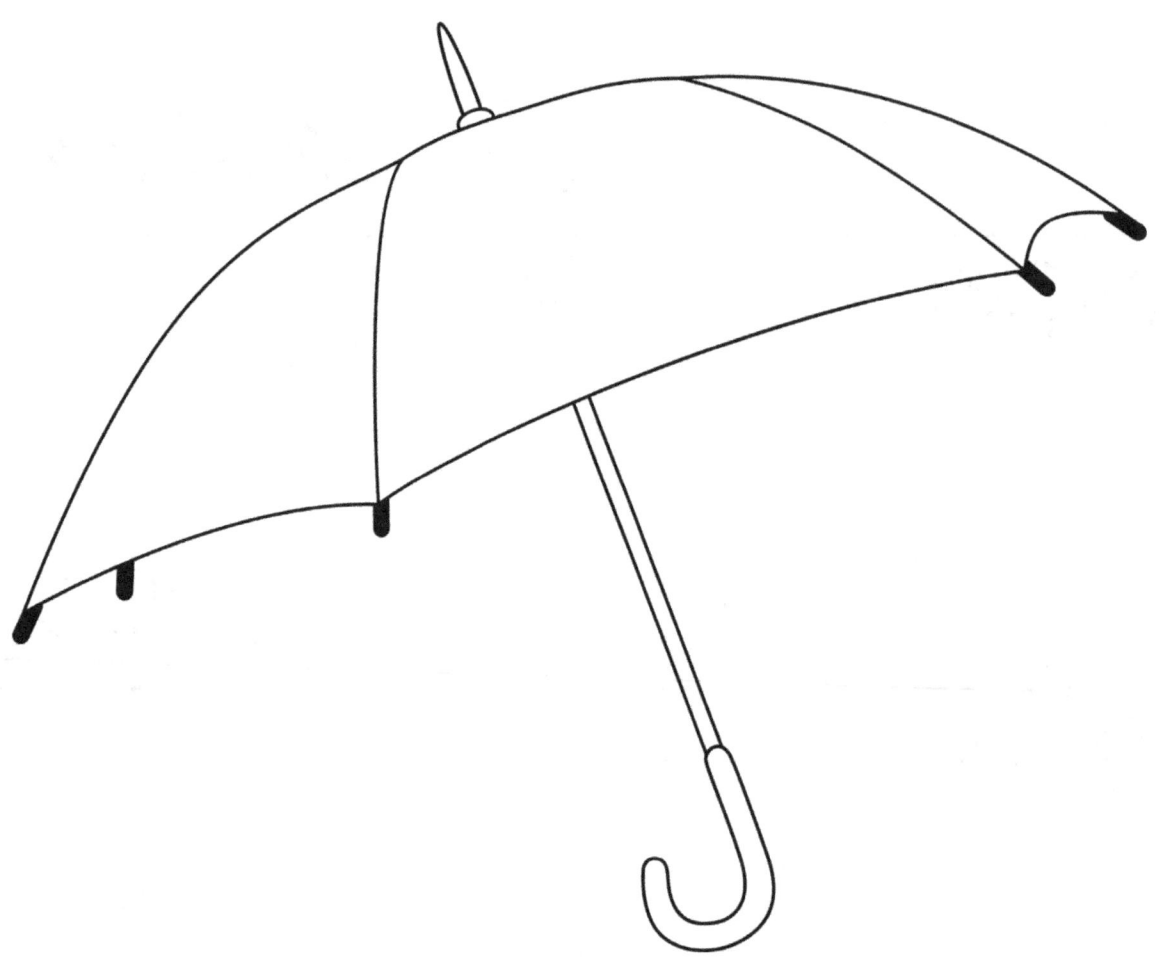

Parapluie

Parapluie

Ouriço-do-mar

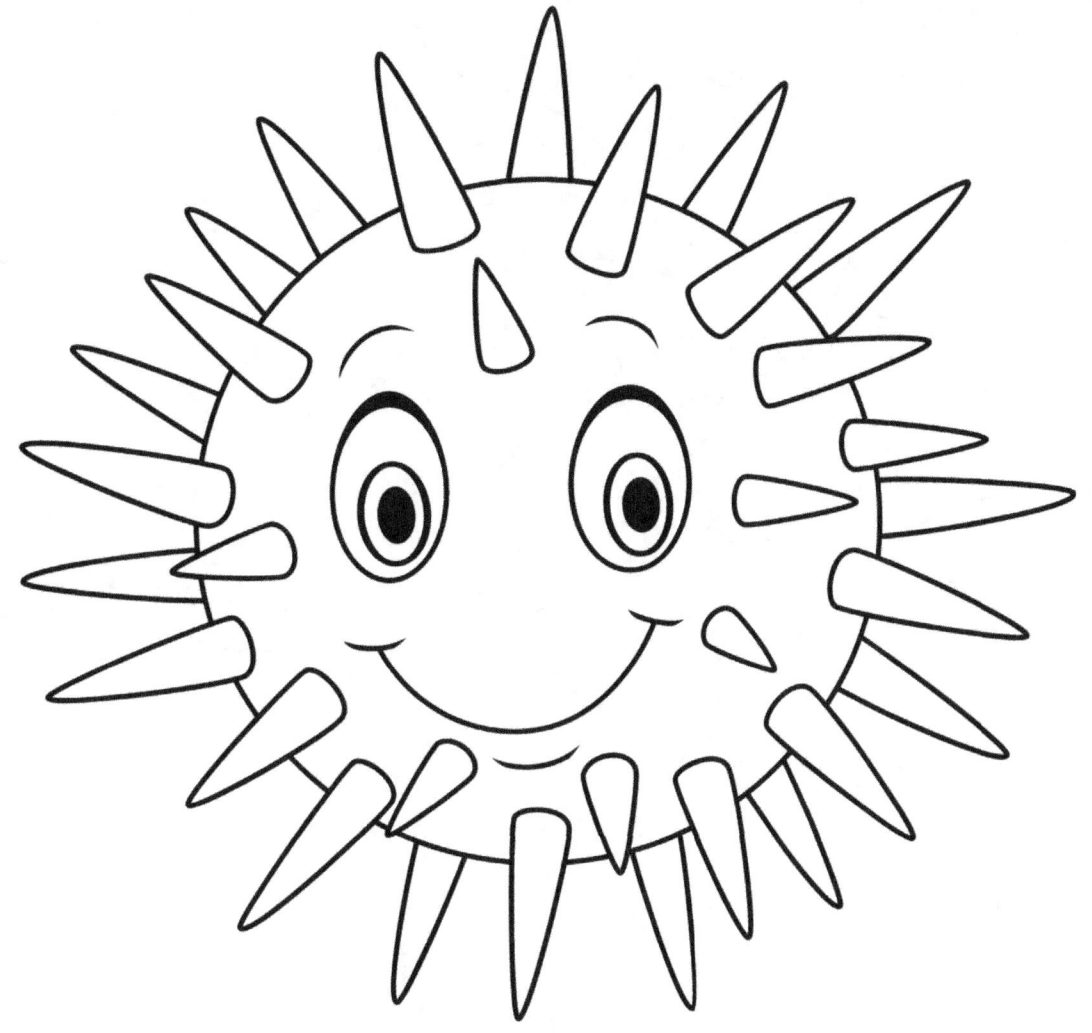

Oursin

Oursin
_____
_____

Sol

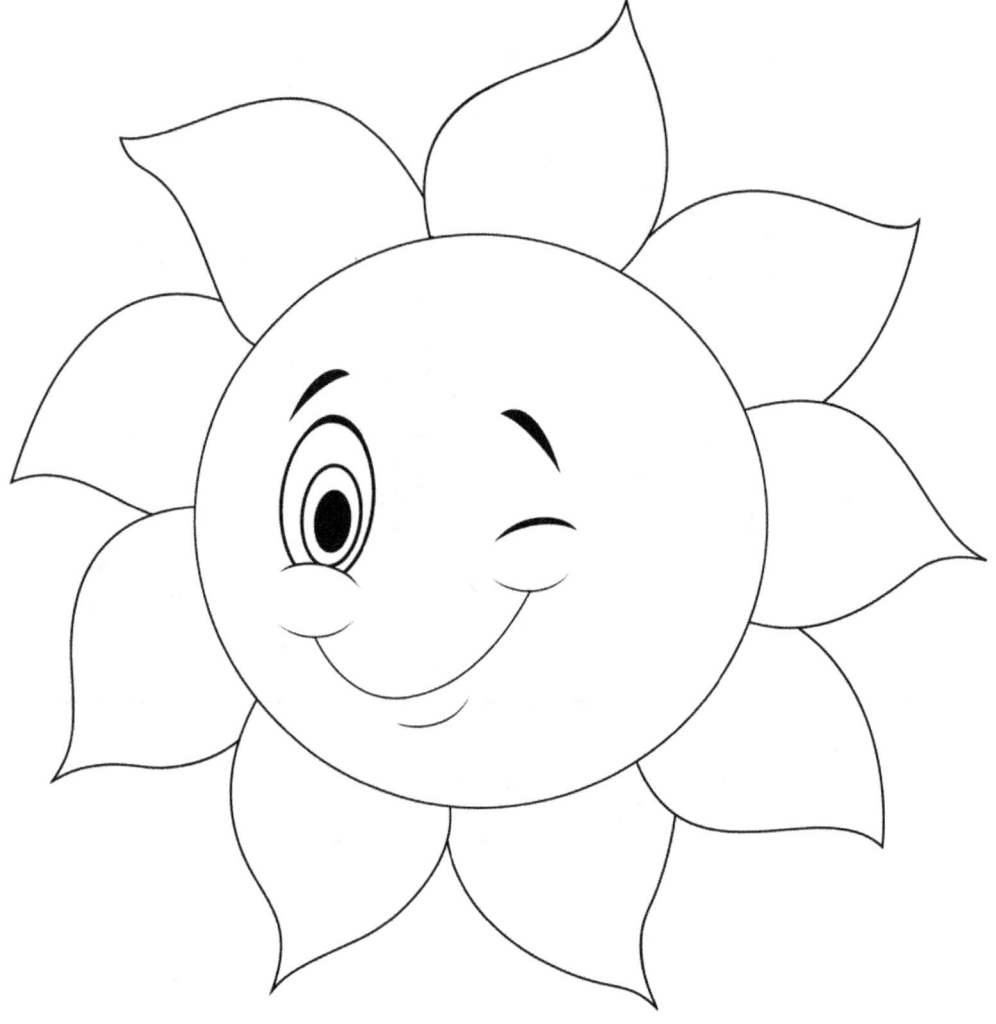

Soleil

Soleil

Vegetal

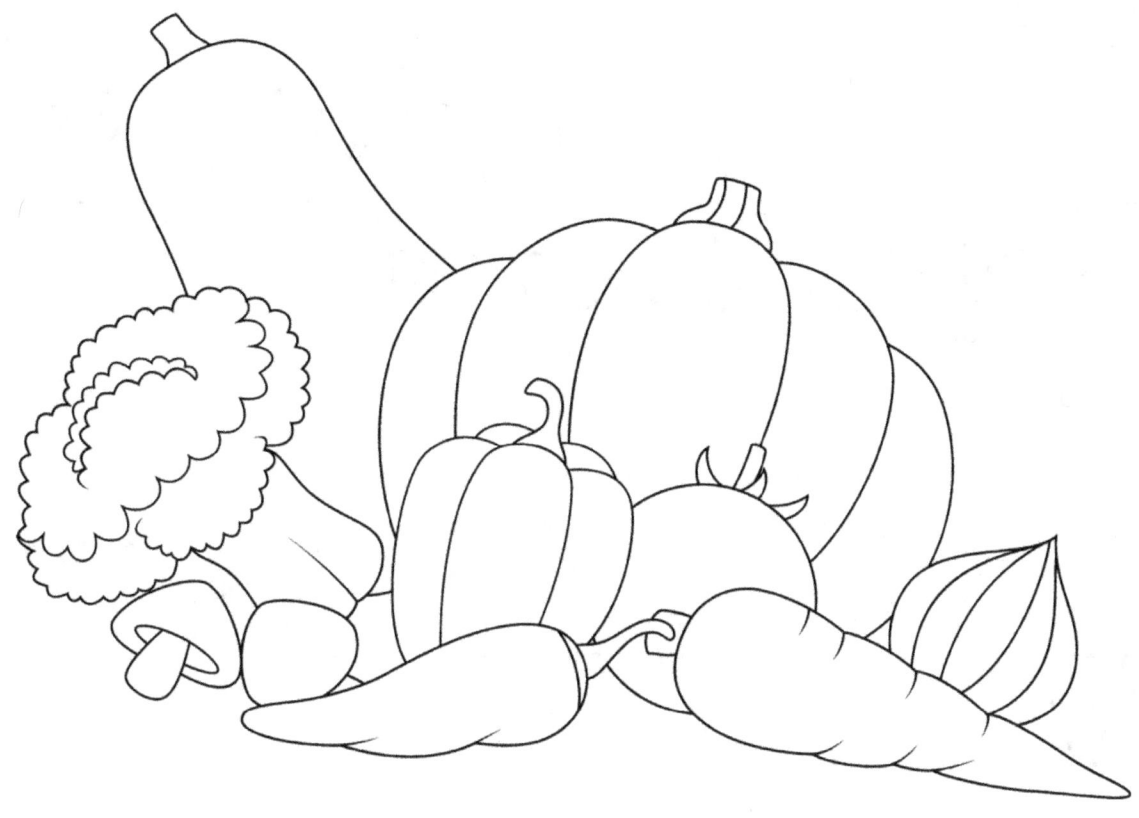

Légumes

Légumes
_____
_____
_____

Guarda-chuva
Pa_ap_uie

Ouriço-do-mar
Oursi_

Sol
olei

Vegetal
Lé_umes

Vulcão

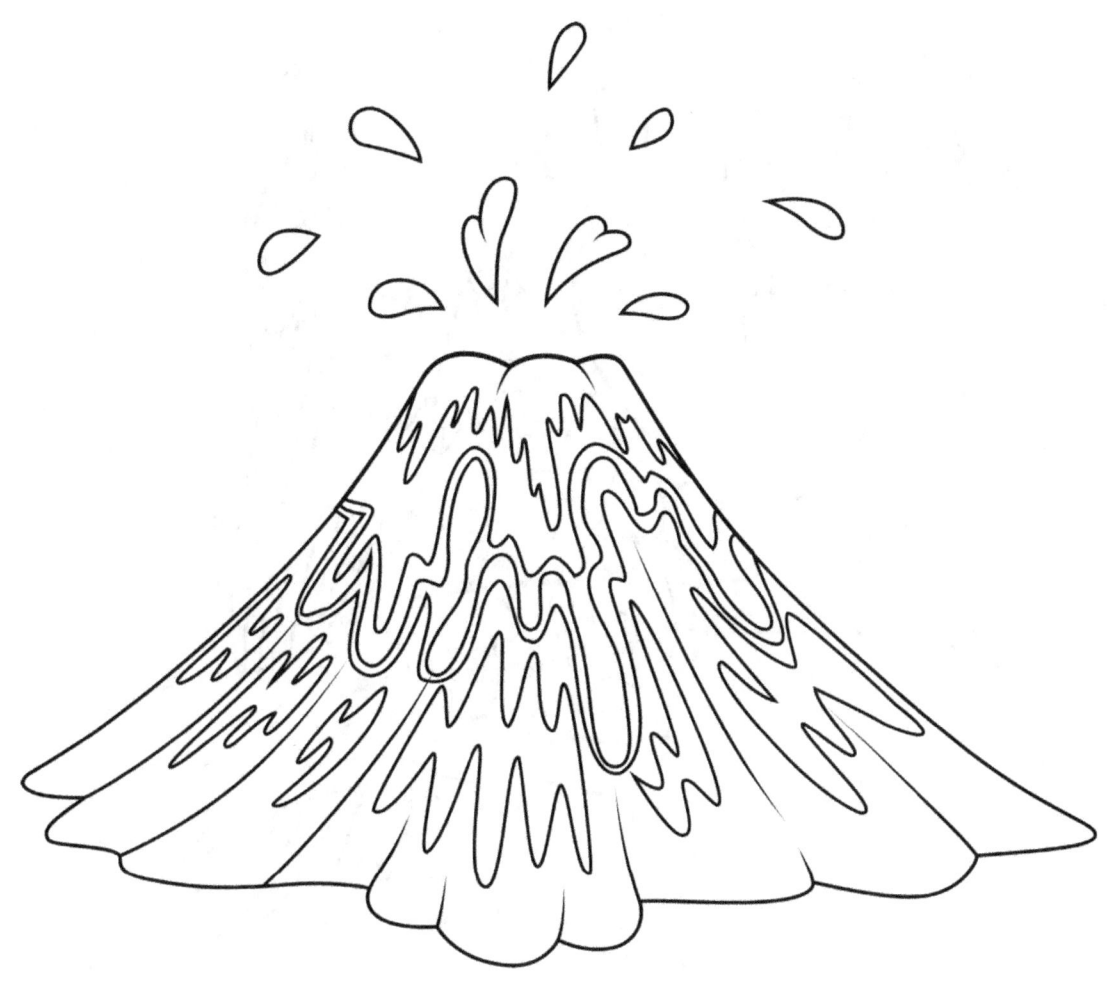

Volcan

Volcan
_____
_____
_____

Abutre

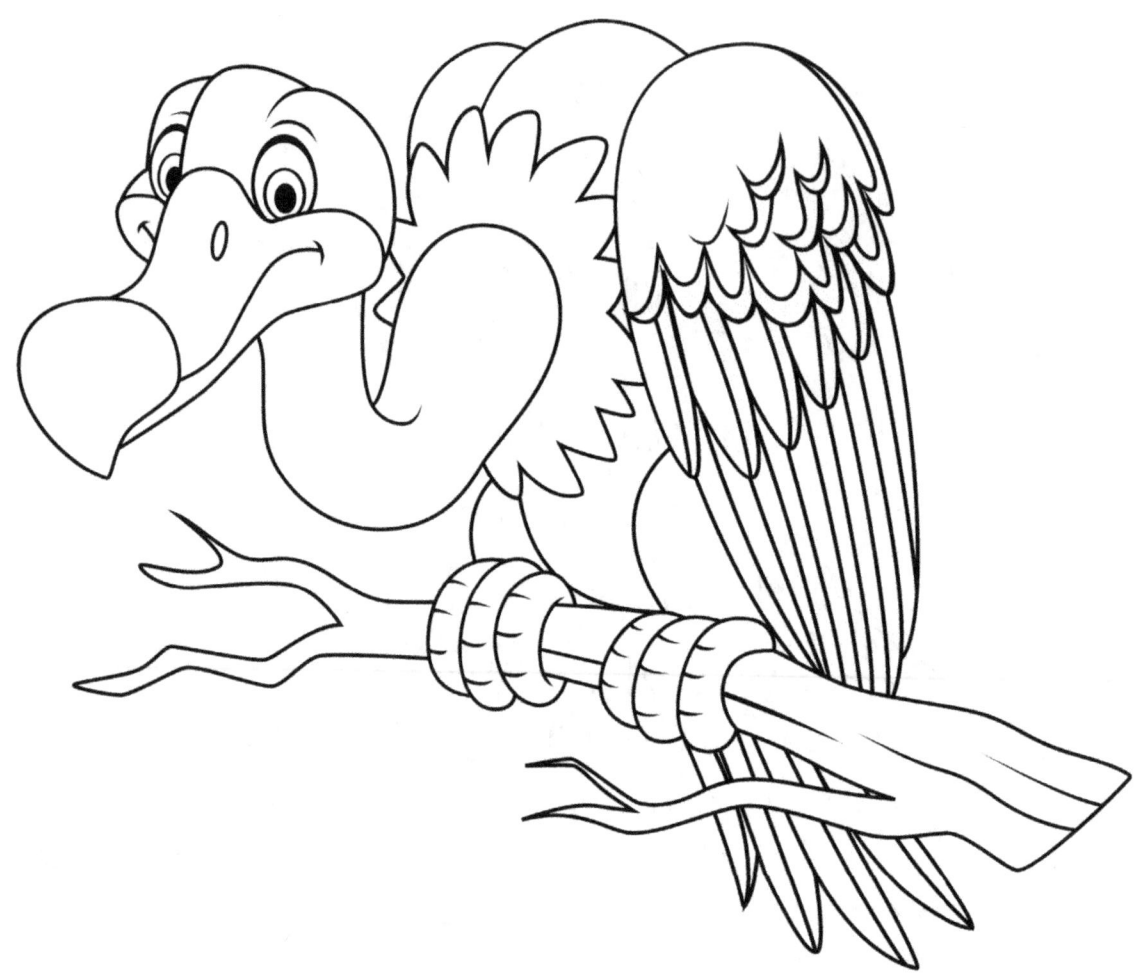

Vautour

Vautour
_____
_____
_____

Melancia

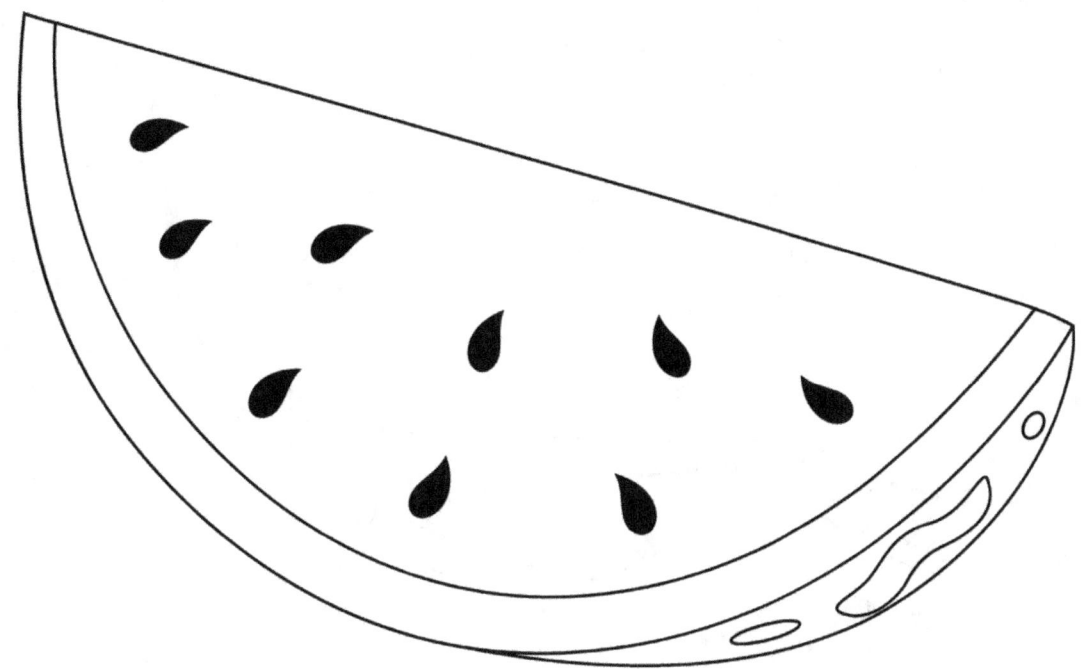

Pastèque

Pastèque
_____
_____
_____

Baleia

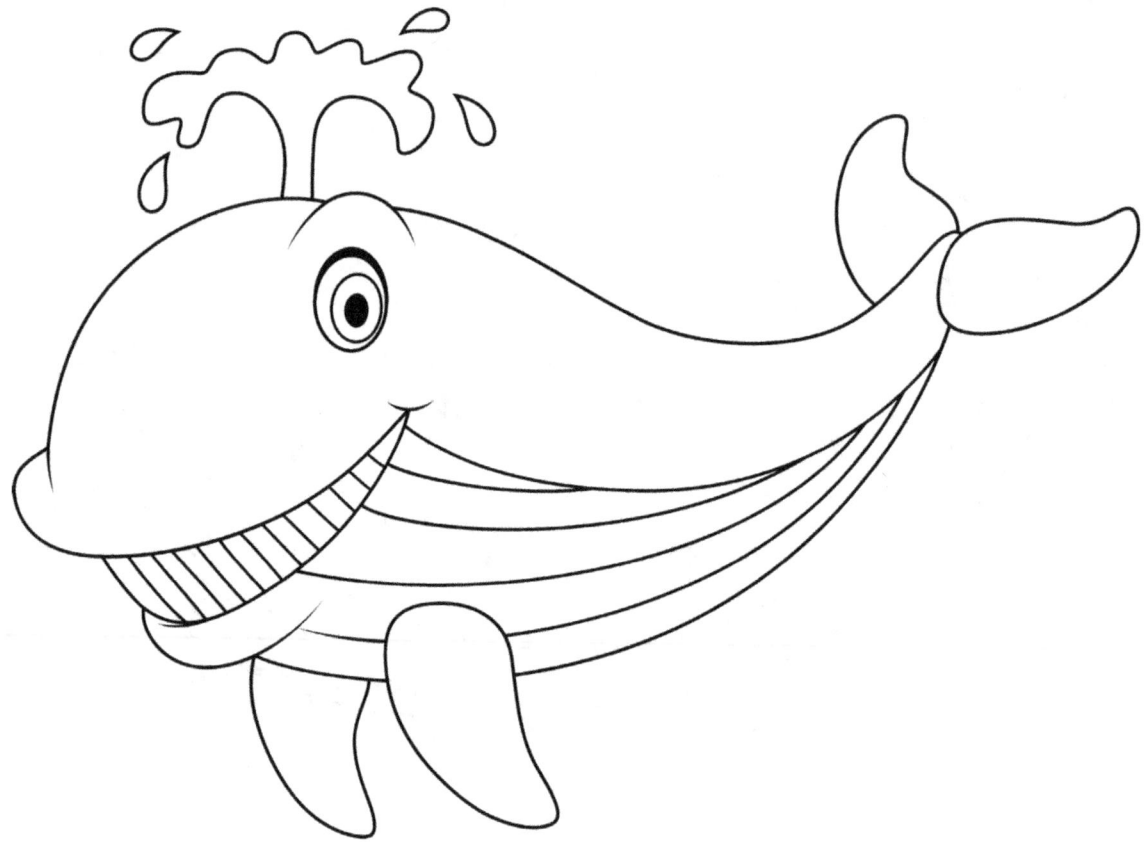

Baleine

Baleine

Vulcão
__lcan

Abutre
Va_tour

Melancia
Pastè_ue

Baleia
_al_ine

Janela

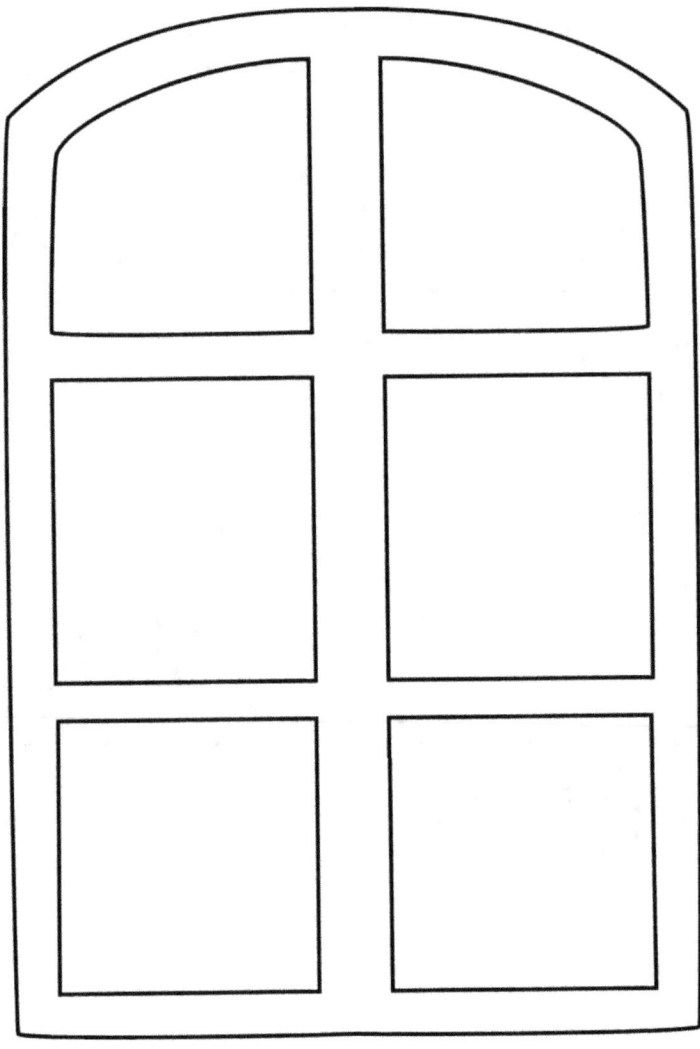

Fenêtre

Fenêtre
_____
_____
_____

Xilofone

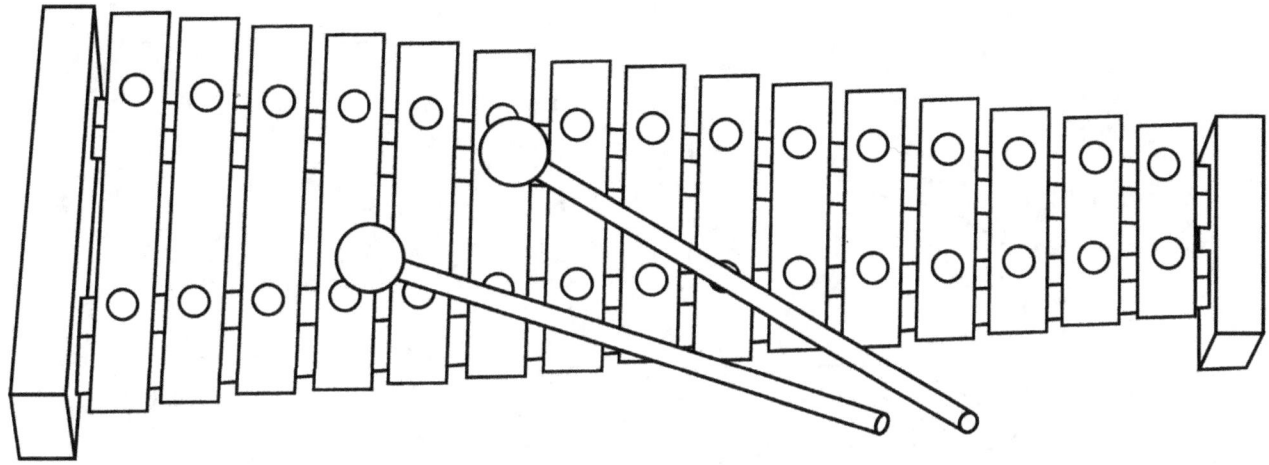

Xylophone

Xylophone
_____

_____

_____

Veleiro

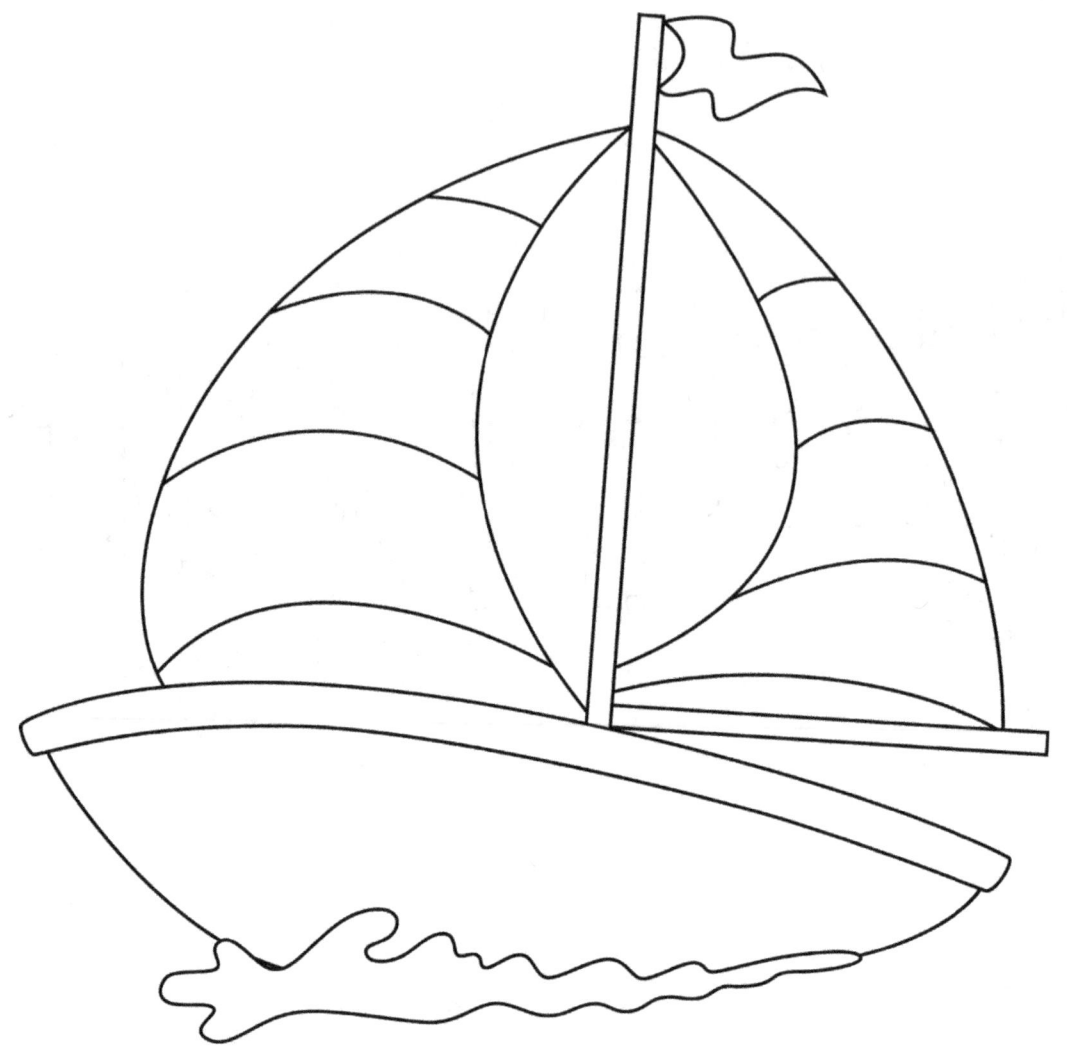

Voilier

Voilier

Boneco

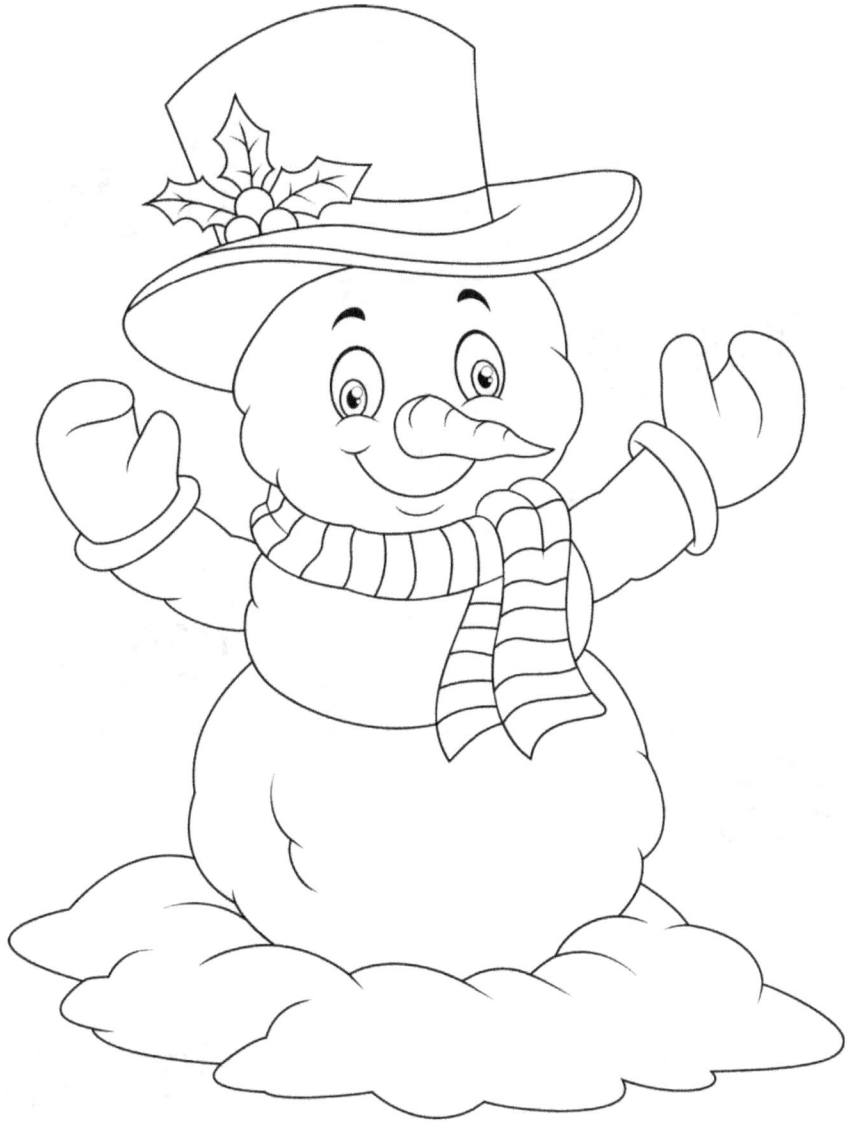

Bonhomme

Bonhomme

Janela

F_n_tre

Xilofone

_yloph_ne

Veleiro

V_ili_r

Boneco

Bon_o_me

Iogurte

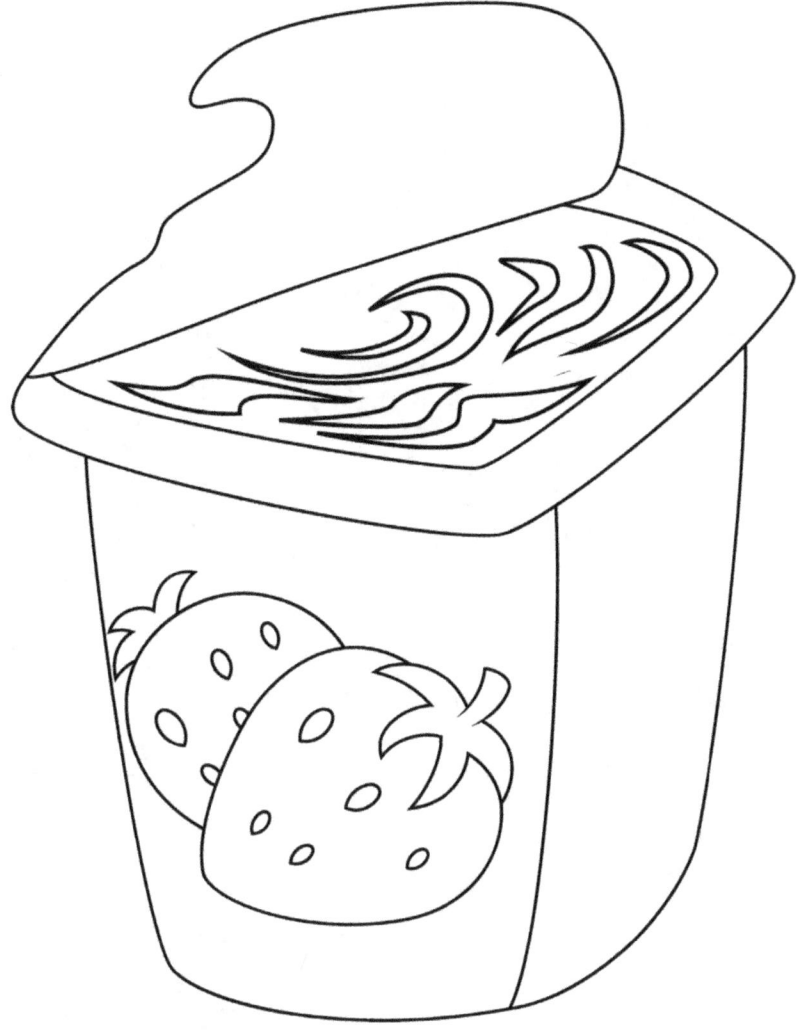

Yaourt

Yaourt

Galinha

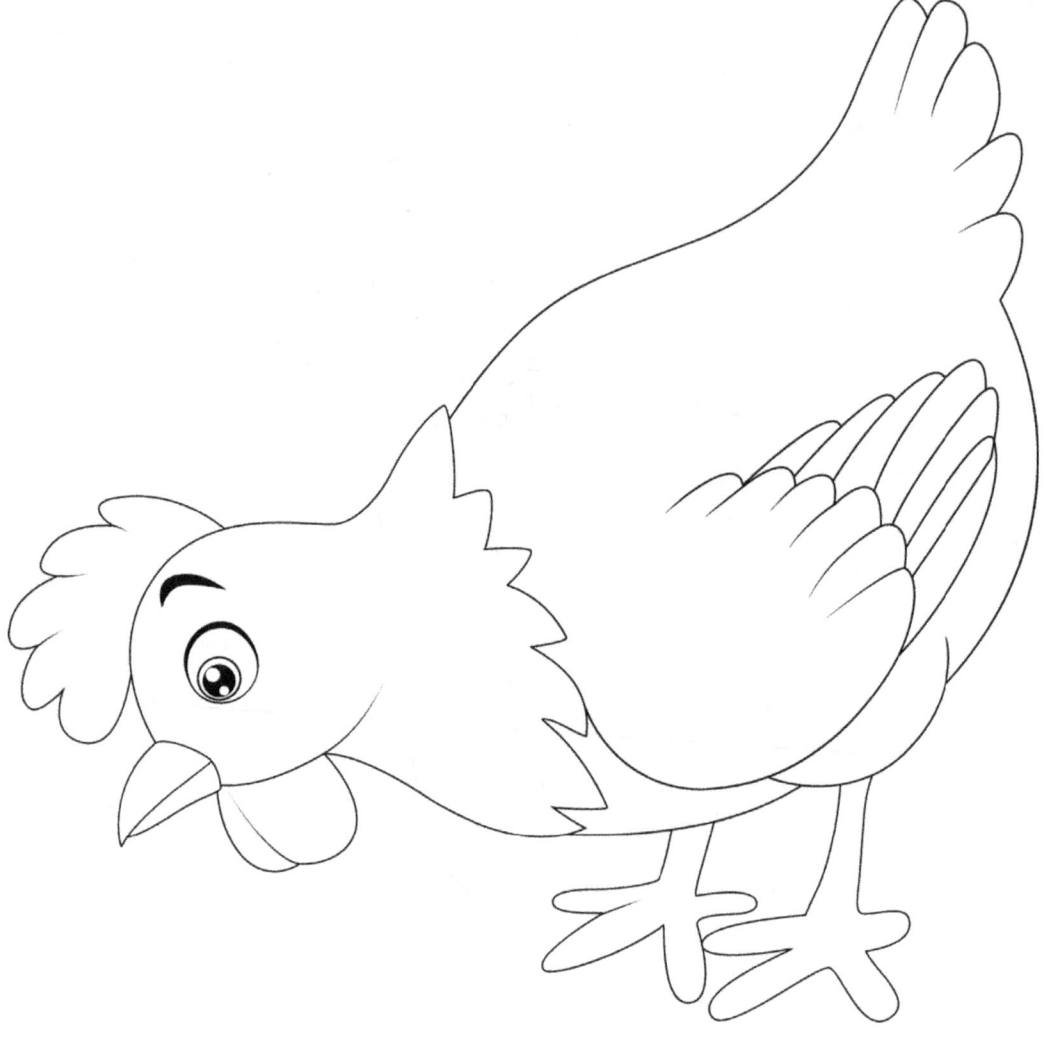

Poule

Poule
_____

_____

_____

Chave

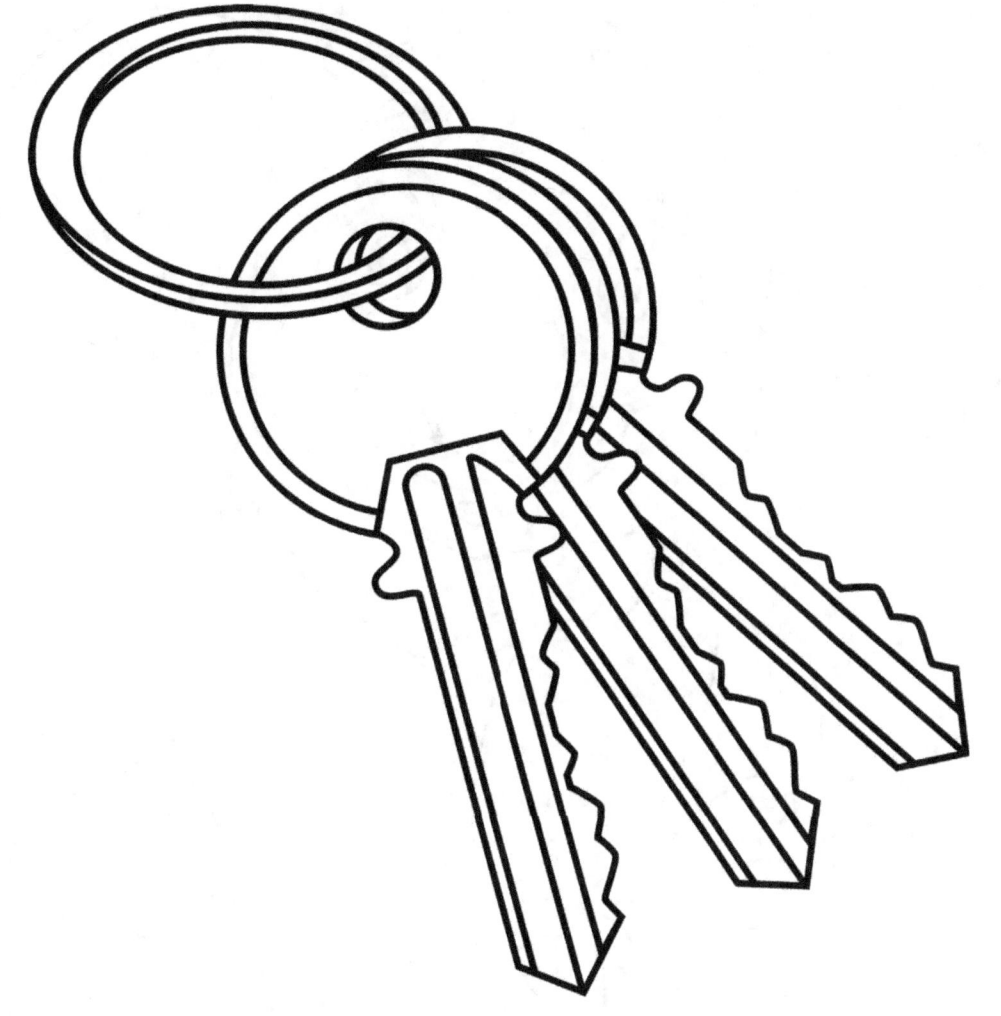

Clé

Clé

Coala

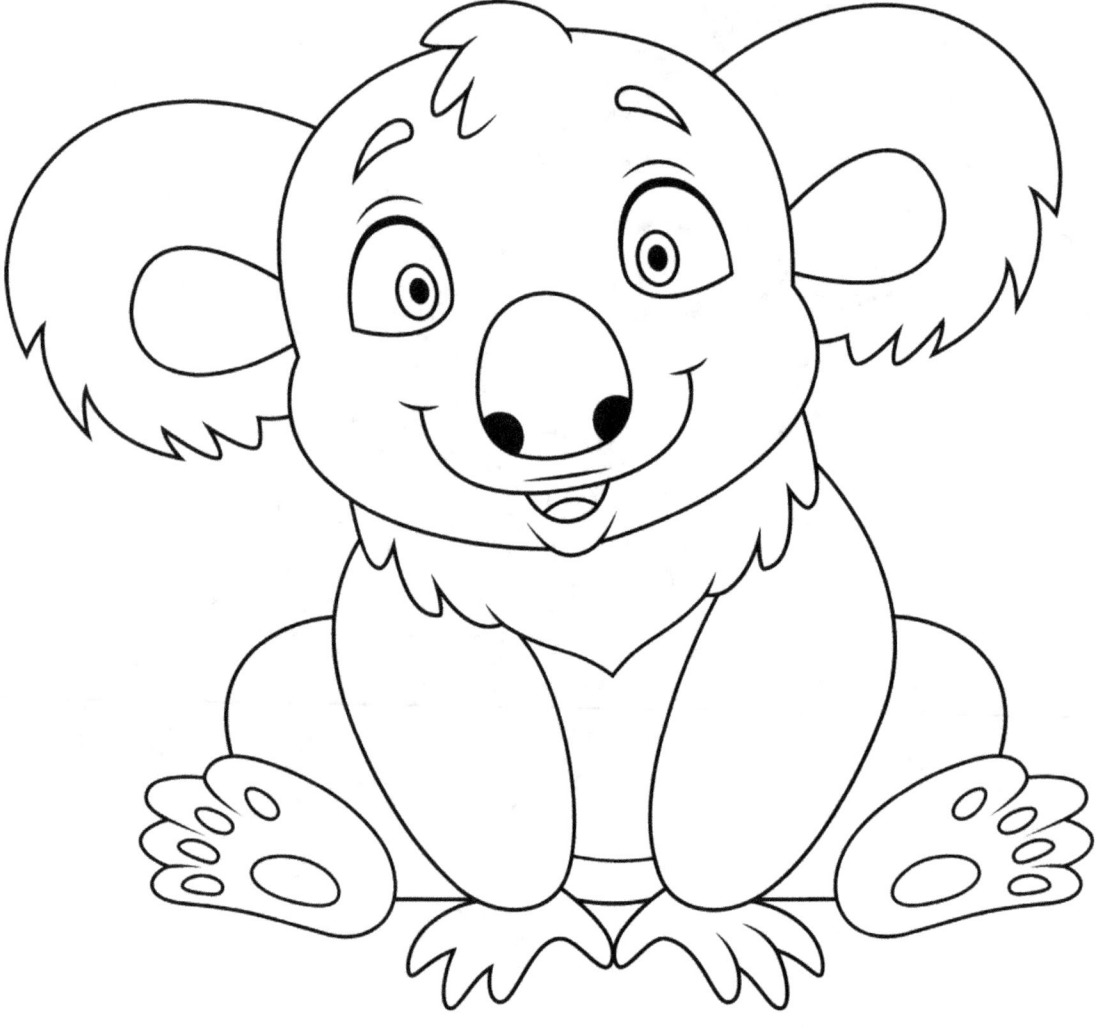

Koala

Koala
_____
_____
_____

Iogurte

aour

Galinha

P_ul_

Chave

__é

Coala

Ko__a

Formiga	-
Maçã	-
Astronauta	-
Banana	-
Urso	-
Livro	-
Carro	-
Gata	-
Milho	-
Cachorro	-
Rosquinha	-
Tambor	-
Caracol	-
Zebra	-
Elefante	-
Peixe	-

Flor	-
Raposa	-
Girafa	-
Óculos	-
Uva	-
Hambúrguer	-
Hipopótamo	-
Casa	-
Sorvete	-
Iguana	-
Pato	-
Jaguar	-
Geléia	-
Água-viva	-
Zepelim	-
Kiwi	-
Morango	-

Folhas	-
Lâmpada	-
Leão	-
Macaco	-
Rato	-
Mata-moscas	-
Prego	-
Cavalo	-
Noz	-
Polvo	-
Laranja	-
Coruja	-
Caneta	-
Torta	-
Porco	-
Pássaro	-
Rainha	-

Pena	-
Coelho	-
Rinoceronte	-
Robô	-
Tigre	-
Árvore	-
Guarda-chuva	-
Ouriço-do-mar	-
Sol	-
Vegetal	-
Vulcão	-
Abutre	-
Melancia	-
Baleia	-
Janela	-
Xilofone	-
Veleiro	-

Boneco	-
Iogurte	-
Galinha	-
Chave	-
Coala	-

© nerdMedia 2018

This work, including all its parts, is protected by copyright. Any use is not permitted without the author's consent. This applies in particular to copying, translation, storage and processing in electronic systems. Contact: Dirk Kolodziej/Peppermühl 9/48249 Dülmen/Germany info4us@nerdmedia.eu Cover design: nerdMedia Cover photo: depositphotos.com - Print Output Black & White: Amazon Media EU S.Ã .r.l./5 Rue Plaetis/L-2338 Luxembourg

www.ingramcontent.com/pod-product-compliance
Lightning Source LLC
Chambersburg PA
CBHW062331220526

45469CB00008B/2673